THOMAS HAGEN

QUICKFINDER

WELCHE PFLANZE PASST WOHIN?

**Pflegeleichte
und hitzetaugliche Pflanzen für
jeden Standort im Garten**

Stauden sorgen für klare Farbakzente im Beet – hier eine Montbretie.

Ein vielfältig bepflanzter Garten ist immer auch eine Oase für Tiere.

Gräser wie das Lampenputzergras sorgen für Ruhe und Ausgleich.

Vorwort

Sie suchen die schönsten Pflanzen für ein sonniges Beet – das dann möglichst lange blühen soll? Oder halten Ausschau nach den besten Arten für einen schattigen Standort? Vielleicht möchten Sie aber auch einfach die passenden Blumen für eine Bepflanzung in Ihrer Lieblingsfarbe finden. Oder sich über eine Bepflanzung in einen bestimmten Stil informieren …

Bei all diesen Themen wird Ihnen dieser Quickfinder helfen: Er wird seinem Namen gerecht, denn hier erhalten Sie auf all Ihre Fragen schnell die passende Antwort. Das Prinzip ist angenehm und gut: Einfach beim entsprechenden Thema nachschlagen – mit der Griffleiste geht dies besonders leicht –, und sofort bekommen Sie einen Überblick über die besten Arten und Sorten.

Diese Auswahl habe ich sorgfältig zusammengestellt: So finden Sie vor allem die bewährten Klassiker, welche die meisten Gärtnereien und Gartencenter auch tatsächlich führen. Auch gut zu wissen: Bei jeder Rubrik kommen zuerst die Gehölze, dann die Stauden, danach Gräser und Farne – alle jeweils nach abnehmender Höhe sortiert. Viel Spass bei Auswahl!

Inhalt

Gartenthemen

Standorte

Lieblingsfarben

Begleitpflanzen

Gartenstile

Jahreszeiten

Einführung

»Was soll ich nur neben diese Rose setzen…? Das Beet hat eine unschöne Lücke, die unbedingt bepflanzt werden muss! Der Neuzugang darf meiner Rose natürlich nicht die Schau stehlen; sollte sie dezent unterstreichen. Ob Sommerblumen das Richtige sind…? Oder lieber ein Bodendecker? Wenn ich nur wüsste, was hier am besten passt!«

Kennen Sie dieses Problem? Im Normalfall nimmt man in solchen Fällen den Katalog einer Gärtnerei zur Hand – oder ein gutes Gartenbuch. Doch die Vorfreude, dort sicher rasch das Richtige zu finden, ebbt meist schnell ab, wandelt sich in Enttäuschung oder Hilflosigkeit – weil die Pflanzen stets nach Alphabet geordnet sind statt nach ihren Verwendungsmöglichkeiten. Also heißt es: Blättern, Lesen, Ankreuzen und Vergleichen. Es dauert, bis man nach langem Suchen »seine« Pflanze gefunden hat, endlich den Weg in die Gärtnerei antreten kann – die dann das Gewünschte oft nicht im Sortiment führt.

Ein gelungenes Beet kombiniert Arten mit ähnlichen Standortansprüchen.

Dieses Buch macht es Ihnen leichter! Sie schlagen einfach unter Ihrer speziellen Problemstellung nach und finden sofort die Lösung: eine ansprechende Auswahl geeigneter Pflanzen. Ob Sie einen Schattengarten, zu trockenen Boden oder auch nur wenig Gärtner-Erfahrung haben – an all diese Situationen ist hier gedacht. Auch wenn Sie »nur« ein Beet ausschließlich in Ihrer Lieblingsfarbe anlegen möchten oder einzelne Gartenbereiche z. B. im Herbst attraktiv aufwerten wollen, kann Ihnen mein Buch helfen.

Was Sie dabei wissen sollten: Grundsätzlich stellen wir für jede Wunsch- bzw. Problemsituation geeignete Pflanzen vor. Natürlich kann dies nur eine begrenzte Auswahl sein, da wir aus Platzgründen nicht alle Arten aufführen können. Dafür werden hier vor allem diejenigen Pflanzen gezeigt, die in Gärtnereien oder Gartencentern meist leicht zu bekommen sind.

Was Sie unbedingt wissen müssen: Manche Gartenpflanzen sind für mehrere Verwendungsmöglichkeiten geeignet. So wird z. B. die Kosmee als klassische Bepflanzung für einen länd-

Erklärungen zu den Porträts

lichen Garten genannt, ihre weiße Sorte 'Sonata Weiß' zusätzlich auch für einen weißen Garten empfohlen. Das heißt, Sie finden in diesem Buch einige Arten mehrfach – dann aber mit unterschiedlichen Sortenempfehlungen.

Wir haben für Sie mitgedacht: Sind bestimmte Sorten für einen Verwendungszweck ausgesprochen gut geeignet, weise ich Sie ausdrücklich darauf hin; sprechen wir dagegen keine Sortenempfehlungen aus, können Sie einfach nach persönlichem Geschmack entscheiden. Das Gartenleben ist bunt, die Vielfalt groß: Deshalb bekommen Sie meist auch den genauen Namen genannt, sollte auf dem Bild einmal eine ganz besondere Sorte zu sehen sein (»siehe Foto«).

Auf einfachem Weg zum Gartenerfolg: Dabei wollen wir Ihnen helfen, das ist unser Ziel. Mit diesem Buch halten Sie den Schlüssel dazu in Ihrer Hand. Nutzen Sie es wie ein unkompliziertes Nachschlagewerk – oder wie einen persönlichen Freund mit reicher Gärtner-Erfahrung: Bei einem Problem fragen Sie einfach auf den entsprechenden Seiten nach – und erhalten sofort die passende Antwort.

Symbolleiste: Hier finden Sie Angaben zur Pflanzengruppe, zur Wuchshöhe, Blütezeit und dem bevorzugten Standort.

Pflanzengruppe: ⊙ ⊙⊙ ein- oder zweijährige Sommerblume, **S** Staude, **Z** Zwiebelblume, **G** Gras, **F** Farn, **K** Kletterpflanze, **HStr** Halbstrauch, **Str** Strauch, **H** Hecke, **B** Baum.

Wuchshöhe: Die Porträts sind nach einfachen Wuchshöhengruppen sortiert: ⬆ = über hüfthoch, ⇑ = bis hüfthoch, ⇧ = bis kniehoch. Zusätzlich finden Sie hier die durchschnittliche Wuchshöhe in Zentimetern oder Metern.

Blütezeit: ✿ 5–7 = blüht von Mai bis Juli.

Standort: ☼ = sonnig, ◑ = halbschattig, ● = schattig.

Pflege: Wenn die Pflege über das normale Maß hinausreicht, finden Sie hier die dazu notwendigen Angaben und wichtige Bemerkungen.

Pflanzen Sie gleich mehrere Exemplare einer Art, das steigert ihre Wirkung.

GARTENTHEMEN

Sie suchen möglichst unkomplizierte Pflanzen für Ihren ersten Garten? Oder Sie wünschen sich einen außergewöhnlichen Blickpunkt in Ihrem grünen Paradies? Vielleicht halten Sie auch ganz einfach Ausschau nach robusten Dauerblühern – oder nach Pflanzen, die mit ihrem Laub perfekte Begleiter für Ihre Blumen sind: Für all diese grundlegenden Themen finden Sie auf den Folgeseiten die passende Pflanzenauswahl.

Pflegeleichte Anfängerpflanzen

Beginnen Sie einfach: Nur wenige Arten oder Sorten, aber in größeren Gruppen kombiniert.

Gräser sind ideale Stauden-Partner, denn sie unterstreichen statt zu konkurrieren.

Ohne große Mühe und Fachkenntnisse sollen sie gedeihen, Freude sollen sie machen schon gleich zu Beginn. Da aller Anfang schwer ist, wünschen sich Gartenneulinge vor allem Pflanzen, die besonders leicht zu pflegen sind – schließlich will man nach getaner Arbeit auch gute Ergebnisse sehen.

Die Robusten

Was zeichnet solche Pflanzen aus, gibt es sie überhaupt? Tatsächlich stehen sogar einige zur Auswahl bereit, von denen ich die besten hier vorstelle. Sie alle zeichnen sich dadurch aus, dass ihnen weder ungenügende Boden-, noch ungünstige Witterungsverhältnisse wirklich zu schaffen machen.

Zudem verzeihen sie auch ein gewisses Maß an Pflegefehlern. Natürlich darf man sie nicht ganz sorglos behandeln oder sie völlig sich selbst überlassen. Sie brauchen – wie alle Pflanzen – ein gewisses Maß an Pflege, aber eben nur wenig, um uns im Sommer mit reicher Blütenfülle zu belohnen.

Sonnenauge

Heliopsis helianthoides

S ⬆ 80–150 ✿ 7–9 ☼

Pflegearme, lange blühende Prachtstaude.
Wuchs: Große, breite Horste mit spitz eiförmigem dunkelgrünem Laub.
Blüte: Zahlreiche große, gelbe, je nach Sorte auch gefülle Körbchenblüten.
Pflege: Verblühtes ausschneiden, um die Blütezeit zu verlängern; bei Bedarf etwas stützen.
Verwendung: Langlebiger Klassiker für das Sommer- und Herbstbeet. Gute Schnittblume!

Sorten: 'Goldgefieder', goldgelb, gefüllt, 130 cm; 'Goldgrünherz' (siehe Foto), goldgelb, gefüllt, 120 cm, gute Schnittblume; 'Venus', orangegelb, ungefüllt, 150 cm.

Sonnenbraut

Helenium-Hybriden

S ⬆ 80–150 ✿ 6–9 ☼

Prächtige, pflegeleichte Sommerstaude.
Wuchs: Große Horste, Triebe mit lanzettlichen Blättern.
Blüte: Breite Strahlenblüten in warmen Farben um eine kugelförmige, braune Mitte.
Pflege: Bei anhaltender Trockenheit wässern; höhere Sorten stützen.
Verwendung: Im sonnigen Staudenbeet auf nicht zu trockenen Böden. Vielfältig kombinierbar.

Sorten: 'Baudirektor Linne', rotbraun, 120 cm; 'Lukas '(siehe Foto), gelb-rotbraun, 140 cm; 'Moerheim Beauty', kupferrot, 80 cm; 'Zimbelstern', goldgelb, 120 cm.

Kosmee, Schmuckkörbchen

Cosmos bipinnatus

⊙ ⬆ 60–140 ✿ 7–10 ☼

Dankbarer Langzeitblüher mit duftigen Blüten.
Wuchs: Aufrechte, steife, oberwärts verzweigte Stängel mit nadelfein zerteiltem Laub.
Blüte: Große Schalenblüten in Rosa, Karminrot oder Weiß, die Randblüten teils eingerollt.
Pflege: Aussaat ins Freie ab Ende April. Verblühtes laufend aussschneiden; bei Bedarf stäben.
Verwendung: In Gruppen, zu vielen Stauden und Sommerblumen kombinierbar, auch zu Rosen.

Scheinaster

Boltonia asteroides

S 80–120 ✿ 8–10 ☼–◑

Unkomplizierte, blütenreiche Astern-Verwandte.

Wuchs: Breitbuschige Horste aus reich verzweigten Trieben mit lanzettlichen Blättern.

Blüte: Duftige, kleine Körbchenblüten in dichten Rispen in Weiß, Rosa oder Violett.

Pflege: Triebe bei Bedarf etwas stützen.

Verwendung: Schön zusammen mit Kosmeen, Sonnenhut und Sonnenauge.

Sommer-Aster

Aster × frikartii

S 60–80 ✿ 7–9 ☼

Pflegeleichte Beetstaude, die sehr lange blüht.

Wuchs: Kompakte, breite Horste aus aufrechten Trieben mit schlanken Blättern; kurze Ausläufer.

Blüte: Violette Körbchenblüten mit gelber Mitte an den verzweigten Triebenden.

Pflege: Bei Trockenheit wässern. Am besten im Frühjahr pflanzen.

Verwendung: Schön zu Rot- und Weißtönen und zu Gräsern.

Sorten: 'Mönch' (siehe Foto), blauviolett; 'Wunder von Stäfa', hellviolett.

Garten-Margerite

Leucanthemum-Superbum-Gruppe

S 60–90 ✿ 6–7/9 ☼

Einfach, aber wirkungsvoll mit langer Blütezeit.

Wuchs: Breite Horste aus meist aufrechten Trieben mit lanzettlichen, gezähnten Blättern.

Blüte: Große weiße Margeritenblüten, auch gefüllt.

Pflege: Ausreichend wässern und düngen; bei Bedarf stützen. Rückschnitt nach der Blüte sorgt für zweite Nachblüte. Feuchte Standorte meiden.

Verwendung: Gruppenweise. Das Weiß lässt sich wunderbar mit allen anderen Tönen kombinieren.

Sorten: 'Christine Hagemann', gefüllt, gelbgrüne Mitte, reichblütig, 80 cm; 'Gruppenstolz' (siehe Foto), ungefüllt, standfest, 60 cm.

Sonnenhut

Rudbeckia fulgida 'Goldsturm'

S | 50–80 | ✿ 7–9 | ☼

Pflegeleichter Dauerblüher im Sommerbeet.
Wuchs: Straff aufrecht mit breit lanzettlichen Blättern, bildet breite Horste.
Blüte: Gelborange Strahlenblüten um eine schwarzbraune, kugelige Mitte.
Pflege: Bei Trockenheit gießen. Verblühte Triebe zurückschneiden, um die Blüte zu verlängern.
Verwendung: In Gruppen. Gut mit Gräsern und vielen anderen Stauden zu kombinieren.
Tipp: Über Winter stehen lassen.

Pracht-Storchschnabel

Geranium × *magnificum*

S | 40–60 | ✿ 6–7 | ☼–◑

Üppiger Blüher für leuchtende Farbakzente.
Wuchs: Kräftige Horste, große, handförmige Blätter.
Blüte: Große, leuchtend blauviolette Schalen in üppiger Fülle.
Pflege: Kräftiger Rückschnitt nach der Blüte, um die Horste kompakt zu halten.
Verwendung: Am Gehölzrand oder im Beet, passt wunderbar zu anderen kräftigen Blütenfarben.

Purpur-Fetthenne

Hylotelephium (Syn.: *Sedum*) *telephium*

S | 50–60 | ✿ 8–10 | ☼

Eine pflegeleichte, echte Anfängerstaude.
Wuchs: Breite Horste aus aufrechten, mit fleischigen, ovalen, graugrünen Blättern besetzten Trieben.
Blüte: Klein, sternförmig, in schirmförmigen Dolden über den Trieben; altosa bis rostrot gefärbt.
Pflege: Braucht keine besondere Pflege. Rückschnitt erst im Frühjahr, da auch im Winter zierend.
Verwendung: Vielseitiger Beetbegleiter.

Sorten: 'Herbstfreude' (siehe Foto), braunrot; S.-Hybride, 'Matrona', rosa, lange attraktiv.

Taglilie

Hemerocallis-Hybriden

S | 50–80 | ✿ 6–9 | ☼–◑

Reiche Blüte bei wenig Pflegeaufwand.
Wuchs: Breite Horste mit grasförmigen Blättern.
Blüte: Trichterförmig, in Gelb-, Orange- und Rottönen. Die Einzelblüte hält nur einen Tag, doch treiben laufend neue Knospen.
Pflege: Stiele nach der Blüte ausschneiden.
Verwendung: In Gruppen auf nicht zu trockenen Böden; auf Beeten, am Gehölz- und Teichrand; schön mit Storchschnabel, Gräsern.

Sorten/Arten: Großes Sortenspektrum in vielen Farben. *H. lilioasphodelus* (Syn.: *H. flava*), zitronengelb, 80 cm.

Sommer-Salbei

Salvia nemorosa

S | 40–70 | ✿ 5–7/9 | ☼

Pflegeleicht und ebenso lang wie üppig blühend.
Wuchs: Aufrechte Horste mit eiförmigen, mattgrünen Blättern.
Blüte: Blaue oder violette, selten weiße Lippenblüten in dichten Kerzen an den Triebenden.
Pflege: Scharfer Rückschnitt nach der Blüte sowie leichte Düngung regen die Zweitblüte an.
Verwendung: Guter Begleiter zu Rosen und vielen Beetstauden.

Sorten: 'Adrian', weiß; 'Amethyst' amethystviolett; 'Blauhügel', mittelblau; 'Ostfriesland' (siehe Foto), violettblau.

Katzenminze

Nepeta × faassenii

S | 30–60 | ✿ 5–9 | ☼

Problemlose Begleitpflanze mit langer Blütezeit.
Wuchs: Breitbuschige Horste aus bogigen Trieben mit graugrünen, aromatischen Blättern.
Blüte: Kleine lila, selten weiße Lippenblüten in dichten Quirlen an den Triebenden.
Pflege: Rückschnitt nach der Blüte fördert die Zweitblüte. Nur mäßig düngen.
Verwendung: Als Beeteinfassung und Rosenbegleiter; passt zu vielen Beetstauden für die Sonne.

Ringelblume

Calendula officinalis

⊙ 30–60 ✿ 6–10 ☼

Unkomplizierter Langzeitblüher.
Wuchs: Breite Büsche aus etwas staksig verzweigten Trieben mit länglich ovalem Laub.
Blüte: Gelbe oder orange, einfache oder gefüllte Körbchenblüten in reicher Fülle.
Pflege: Aussaat ins Freiland ab März. Für anhaltende Blüte Abgeblühtes ausschneiden; letzte Blüten für die Selbstaussaat ausreifen lassen.
Verwendung: Niedrige Sorten eingestreut im Beet; schön zu Kosmeen, Rittersporn, Salbei.

Lampenputzergras

Pennisetum alopecuroides

G 40–100 ✿ 8–10 ☼

Grazil und elegant – so liebt man Gräser.
Wuchs: Große, halbkugelige Horste mit bogig überhängenden Blättern, gelbliche Herbstfarbe.
Blüte: Walzenförmige rotbraune Ähren an langen Stielen zwischen und über dem Laub sitzend.
Pflege: Ausreichend wässern. Rückschnitt der schönen Winterwirkung wegen erst im Frühjahr.
Verwendung: Sehr vielseitig verwendbar, im Beet, als Solitär, auch mit Rosen und am Teich.

Sorten: 'Compressum', etwas kompakter, schöne gelbbraune Herbstfarbe; Hameln', (siehe Foto) kompakt, früher und reicher blühend.

Rutenhirse

Panicum virgatum

G 60–150 ✿ 7–9 ☼

Herbstfärbung wie im Indian Summer.
Wuchs: Aufrechte Horste mit schmal linealischen Blättern, die sich je nach Sorte ab Spätsommer goldgelb bis tiefrot verfärben.
Blüte: Perlförmig in reich verzweigten, feinstieligen Rispen hoch über dem Laubhorst.
Pflege: Keine besondere Pflege nötig.
Verwendung: Als Begleiter im Staudenbeet.

Sorten: 'Hänse Herms', leuchtend rot; 'Strictum' (siehe Foto), steifer aufrecht und höher, ockergelb.

Solitärpflanzen als Blickpunkte

Riesenpflanzen, die alle Blicke auf sich ziehen, imposante Gestalten, die eine ganze Gartenkulisse dominieren – das sind sogenannte Solitärpflanzen. Da sie alle Aufmerksamkeit allein für sich beanspruchen, kann man sie nur schwer integrieren oder kombinieren – außer mit ihresgleichen. Bei ihnen geht es vielmehr darum, dass sie einen guten Standort bekommen mit genügend Raum, um ihre ganze Schönheit und Pracht richtig zu entfalten. Geeignete Stellen sind z. B. neben dem Hauseingang oder im Vorgarten, am Sitzplatz oder Teichufer, an einer Weggabelung oder im Zentrum eines Rondells.

Gute Solitärpflanzen setzen gestalterische Ausrufezeichen!

Akzente setzen

Solitärpflanzen sind zwar als Partner schwierig, gesteht man ihnen aber die notwendige Solistenrolle zu, ist der Erfolg sicher: Schon eine einzelne Pflanze sorgt als Blickpunkt für so viel Atmosphäre, dass ein ganzer Bereich dadurch gewinnt. Sie erfüllen damit eine ähnliche Funktion wie ein als Akzent gesetztes Kunstwerk oder ein außergewöhnliches Pflanzgefäß. Lassen Sie sich also von den Starqualitäten dieser Pflanzen nicht abschrecken, sondern stattdessen Ihrer Schöpferfreude freien Lauf.
Und wählen Sie den passenden Charakter für Ihren Garten: Königskerzen verzaubern mit natürlichem Charme, Federmohn schafft Asia-Flair, Palmlilien vermitteln Mittelmeer-Feeling, Riesen-Federgras sorgt für Romantik.

Fallschirm-Rudbeckie

Rudbeckia nitida

S ⬆ 160–200 ✿ 7–9 ☼

Imposanter Solitär als Beethintergrund.

Wuchs: Horstartige Riesenstaude mit straffen Trieben und großen, breit-lanzettlichen Blättern.

Blüte: Große gelbe Körbchenblüten mit hängenden Randblüten und grünlicher Mitte.

Pflege: Ausreichend wässern; bei Bedarf stützen.

Verwendung: Einzeln als Solitär oder als Hintergrund im Beet oder am Zaun.

Sorten: 'Herbstsonne', gelb mit grüner Mitte; 'Juligold', goldgelb.

Kandelaber-Königskerze

Verbascum olympicum

⊙ ⬆ 120–200 ✿ 6–9 ☼

Blüten-Kandelaber für pralle Sonne.

Wuchs: Im 1. Jahr eine dichte Grundblattrosette, aus der im 2. Jahr der straffe Blütentrieb sprießt.

Blüte: Gelb, zahlreich, in dichten, kandelaberartig verzweigten Trauben.

Pflege: Schwere Böden meiden.

Verwendung: Einzeln an sonnigen Plätzen auf durchlässigen Böden.

Tipp: Neben der genannten eignen sich auch weitere Königskerzen-Arten für sonnige Plätze.

Röhriger Wasserdost

Eupatorium fistulosum (Syn.: *E. maculatum*)

S ⬆ 130–200 ✿ 7–10 ☼–◑

Üppig blühender Staudenriese.

Wuchs: Mächtige Horste aus straff aufrechten rötlichen Stängeln und Quirlen lanzettlicher Blätter.

Blüte: Kleine rosa oder weiße Körbchenblüten in dichten, kuppelförmigen, großen Doldenrispen.

Pflege: Bei anhaltender Trockenheit wässern.

Verwendung: Einzeln als Blickfang im Beet-Hintergrund, vor Gehölzen oder am Teich.

Sorten: 'Album', weiß; 'Atropurpureum', weinrot. 'Glutball' (siehe Foto), purpurrot, Blütenstände halbkugelig.
Hinweis: Wird auch unter *Eutrochium maculatum* geführt.

Federmohn

Macleaya cordata

S ⬆ 200–300 ✿ 7–8 ☼–◑

Ungewöhnlicher Blickfang mit hohem Zierwert.
Wuchs: Hohe Horste aus steif aufrechten, wenig verzweigen Trieben mit rundlichen, gelappten, blaugrünen Blättern. Bildet Ausläufer.
Blüte: Winzig, cremefarben bis rosa, in sehr großen kegelförmigen Rispen an langen Stielen.
Pflege: Bei anhaltender Trockenheit wässern. Ausläufer abstechen.
Verwendung: Als Sichtschutz zum Verdecken unschöner Stellen, in Gewässernähe oder am Haus.
Tipp: Beim Austrieb nur 5–7 Triebe belassen.

Wald-Geißbart

Aruncus dioicus

S ⬆ 150–200 ✿ 6–7 ◑–●

Wertvolle, imposante Schattenstaude.
Wuchs: Große Horste mit aufrechten Trieben und gefiedertem Laub.
Blüte: Zart und cremefarben, in großen, leicht überhängenden Rispen über den Blättern.
Pflege: Einmal eingewachsen, nicht mehr nötig.
Verwendung: Einzeln am Gehölzrand.
Tipp: Männliche Pflanzen bevorzugen, sie blühen reiner weiß und duftiger.

Palmlilie

Yucca filamentosa

S ⬆ 120–180 ✿ 7–9 ☼

Eindrucksvoller Exot aus Trockenregionen.
Wuchs: Dichter Horst aus schwertförmigen, blaugrünen Blättern, aus dessen Mitte sich der steife Blütentrieb erhebt; immergrün.
Blüte: Groß, weiß, glockenförmig, in länglicher Rispe hoch über der Blattrosette; duftend. Benötigt einige Jahre bis zur Blüte.
Pflege: Mineralisch düngen, vor Winternässe schützen.
Verwendung: Einzeln oder in Gruppen, auf eher trockenen, durchlässigen Böden.

Bronze-Schaublatt

Rodgersia podophylla

S ⬆ 80–150 ✿ 6–7 ◑–●

Prächtige Blattschmuckstaude für den Schatten.
Wuchs: Breite, üppige Horste mit sehr großen, handförmig geteilten, beim Austrieb bronzefarbenen Blättern.
Blüte: Klein, weißlich, in üppigen, kegelförmigen Rispen über dem Laub.
Pflege: Bei Bedarf wässern und düngen. Verblühtes entfernen.
Verwendung: Als Einzelpflanze vor Gehölzen, am Teich oder an einem schattigen Platz.

Sorten: 'Rotlaub' (siehe Foto), junge Blätter rotbraun.

Pampasgras

Cortaderia selloana

G ⬆ 150–250 ✿ 9–10 ☼

Riesenblüten aus der argentinischen Pampa.
Wuchs: Rundliche Blatthorste aus sehr schmalen, langen Blättern, weit überragt von den stattlichen Blütenständen.
Blüte: Sehr große silberweiße Rispe auf straffen Stielen, nur zur Blütezeit ausgebreitet.
Pflege: Winterlicher Nässeschutz durch Zusammenbinden der Blätter nach oben und eine trockene Umhüllung.
Verwendung: Einzeln als prägende Gartengestalt.
Tipp: Im Frühjahr pflanzen!

Sorten: 'Sunningdale Silver' (siehe Foto), bewährte Sorte mit silbrig weißen Blütenständen hoch über dem Laub.

Riesen-Federgras

Stipa gigantea

G ⬆ 150–200 ✿ 6–9 ☼

Duftige Gräsergestalt im Riesenformat.
Wuchs: Horste aus schmalen, leicht überhängenden Blättern und von sehr großen Blütentrieben.
Blüte: Lang begrannt in gestreckten, sehr großen Rispen an festen Stielen; goldbraune Färbung im Herbst.
Pflege: In rauen Gegenden Winterschutz geben.
Verwendung: Böden eher mager und trocken als zu nährstoffreich und schwer wählen. Gut haltbare Schnittblume.

Dauerblüher für den sonnigen Garten

Wer wünscht sich das nicht? Gartenpflanzen, die den ganzen Sommer lang unermüdlich blühen, uns mit permanenter Blütenfülle reich beschenken. Mit ihnen würde das aufwändige Auswählen und Kombinieren verschiedener Pflanzenarten überflüssig werden – eine zwar kreative, oft aber etwas mühsame Herausforderung, will man ein Beet über die gesamte Gartensaison hindurch attraktiv und ansehnlich gestalten und nicht ständig eingreifen.

Gute Gerüstpflanzen

Leider bieten weder Natur noch Züchtung eine große Anzahl solcher Pflanzen an, sodass man um eine intensivere Planung nicht ganz herumkommt. Dennoch gibt es einige Staudenarten, die äußerst lange bzw. fast ununterbrochen blühen. Auf den folgenden Seiten stelle ich einige dieser kleinen Blütenwunder vor.
Sie sollten im Staudenbeet als eine Art tragendes Gerüst eingesetzt werden, um das sich andere Arten mit kürzerer Blühzeit gruppieren.

Salbei, Mädchenauge und Gold-Garbe sind verlässliche Dauerblüher, die als Grundgerüst im Beet fungieren.

Schleier-Eisenkraut

Verbena bonariensis

S 80–120 ✿ 7–10 ☼

Violette Blütenschleier schweben über dem Beet.

Wuchs: Straff aufrechte Horste mit sparrig verzweigten Trieben.

Blüte: Klein, violett, sehr zahlreich, in dichten Dolden an den Triebspitzen.

Pflege: Eigene Aussaat nicht zu empfehlen. Braucht keine besondere Pflege. Staunässe meiden.

Verwendung: Gruppenweise im Beet, zusammen mit niedrigeren Stauden oder Sommerblumen.

Prachtkerze, Gaura

Oenothera (Syn.: *Gaura*) *lindheimeri*

S 60–100 ✿ 7–10 ☼

Duftiger Dauerblüher mit eleganten Blütenkerzen.

Wuchs: Buschige Horste aus locker aufrechten, mit lanzettlichen Blättern besetzten Trieben.

Blüte: Klein, sternförmig, weiß oder rosa, in lockeren länglichen Trauben an den Stängelenden.

Pflege: Leichten Winterschutz geben.

Verwendung: In Gruppen auf mäßig trockenen, durchlässigen Böden. Passt zu vielen Blütenstauden; schön auch mit Rosen und Gräsern.

Tipp: Lässt sich auch gut im Kübel halten.

Sommer-Aster

Aster × frikartii

S 60–80 ✿ 7–9 ☼

Sehr lange blühende, standfeste Sommer-Aster.

Wuchs: Kompakte, breite Horste aus aufrechten Trieben mit schlanken Blättern; kurze Ausläufer.

Blüte: Violette Körbchenblüten mit gelber Mitte an den verzweigten Triebenden.

Pflege: Bei Trockenheit wässern. Am besten im Frühjahr pflanzen.

Verwendung: Problemlose Beetstaude, schön zu Gräsern und als Schnittblume.

Sorten: 'Mönch' (siehe Foto), großblütig, blauviolett; 'Wunder von Stäfa', hellviolett.

Gold-Garbe

Achillea filipendulina

S 70–120 ✿ 6–9 ☼

Langzeitblüher für bunte Staudenrabatten.
Wuchs: Aufrechte Horste mit straffen Stielen und fein gefiedertem, graugrünem Laub.
Blüte: Schirmförmige Teller aus winzigen Körbchenblüten in Gelbtönen, Hybriden auch in Rot und Orange.
Pflege: Verblühtes ausschneiden. Nur mäßig düngen.
Verwendung: Sehr schön zu blau blühenden Arten.Haltbare Schnitt- und Trockenblume.

Sorten: 'Parker's Variety' (siehe Foto), leuchtend gelbe, kompakte Dolden, 120 cm.

Spornblume

Centranthus ruber

S 50–70 ✿ 6–9 ☼

Anspruchsloser, pflegeleichter Dauerblüher.
Wuchs: Reich verzweigt mit graugrünen, eiförmigen Blättern.
Blüte: Karminrot, in etagenartigen Rispen.
Pflege: Blütenstände zurückschneiden.
Verwendung: Für trockenere, auch steinige Böden. Sehr schön zu Gräsern und im Steppenbeet.

Nadelblättriges Mädchenauge

Coreopsis verticillata

S 30–60 ✿ 6–9 ☼

Blütensterne den ganzen Sommer lang!
Wuchs: Breitbuschige Horste mit aufstrebenden Trieben und nadelförmigen Blättern.
Blüte: Große gelbe Sternblüten.
Pflege: Benötigt kaum Pflege. Bei anhaltender Trockenheit wässern.
Verwendung: Gut kombinierbare Rabattenstaude, etwa zu Steppen-Salbei, Sonnenhut, Rittersporn.

Sorten: 'Grandiflora', goldgelb, 60 cm, 'Moonbeam', schwefelgelb, 40 cm; 'Zagreb' (siehe Foto), leuchtend gelb, 30 cm.

Sommer-Salbei

Salvia nemorosa

S 40-70 ✿ 5-7/9 ☼

Anhaltend farbkräftige Blütenflächen im Beet.

Wuchs: Aufrechte Horste mit eiförmigen, mattgrünen Blättern.

Blüte: Blaue oder violette, selten weiße Lippenblüten in dichten Kerzen an den Triebenden.

Pflege: Scharfer Rückschnitt nach der Blüte sowie leichte Düngung regen die Zweitblüte an.

Verwendung: Guter Begleiter zu Rosen und vielen Beetstauden.

Sorten: 'Adrian', weiß; 'Blauhügel', mittelblau; 'Mainacht' (siehe Foto), dunkel violettblau; 'Ostfriesland', violettblau.

Katzenminze

Nepeta × faassenii

S 30-60 ✿ 5-9 ☼

Violetter, duftender Dauerblüher.

Wuchs: Breitbuschige Horste aus bogigen Trieben mit graugrünen, aromatischen Blättern.

Blüte: Kleine violette, selten weiße Lippenblüten in dichten Quirlen an den Triebenden.

Pflege: Rückschnitt nach der Blüte fördert die Zweitblüte. Nur mäßig düngen.

Verwendung: Schön als Rosenbegleiter und als Beeteinfassung, sehr vielseitig kombinierbar.

Tipp: Katzen lockt der Duft!

Sorten: 'Walker's Low' (siehe Foto), bewährte und robuste, reichblühende Sorte, violett, 60-70 cm.

Pyrenäen-Storchschnabel

Geranium endressii

S 30-50 ✿ 6-8 ☼-◑

Andauernde Blüte und schmucker Laubteppich.

Wuchs: Flächig, mit kriechenden, teils kletternden Trieben und handförmigen Blättern.

Blüte: Klein, klares Rosa,

Pflege: Bei Bedarf zurückschneiden, um ein Auseinanderfallen der Horste zu verhindern.

Verwendung: Als Flächendecker vor und unter Gehölzen, zusammen mit anderen Storchschnabel-Arten und Gräsern.

Sorten/Arten: *G. × oxonianum* 'Rosenlicht' (siehe Foto), ähnlich, aber Blüten kräftiger Rosa und großblütiger, blüht etwas früher, 40-50 cm.

Begleiter für die Königin der Blumen

Jede Königin braucht ihren Hofstaat. So auch die »Queen« der Gärten, die Rose: Erst mit den passenden Gardisten kommt sie gut zur Geltung. Dennoch ist vornehme Zurückhaltung angesagt, direkte Nachbarpflanzen sollten sich nicht zu stark ausbreiten und nicht tief wurzeln. Auch die Farbe der benachbarten Blühpflanzen spielt eine wichtige Rolle. Weiße und rosa Rosen lassen sich mit fast allem kombinieren, aber rote Rosen harmonieren nur mit Weiß- oder Blaublütern.

Die passende Auswahl

Ein weiteres Auswahlkriterium für die Begleiter sollte deren Wuchsform sein. Rosensträucher und ihre Blüten sind – mit Ausnahme der Kletterrosen – rundlich geformt. Senkrecht aufragende Pflanzen bilden dazu einen guten Kontrast. Deshalb ist z. B. der Rittersporn als »Rosenkavalier« perfekt. Aber auch Gräser sind ideale Begleiter: Mit ihren braunen Halmen und Rispen passen sie zu allen Blütenfarben, der grazile Habitus unterstreicht die Gestalt der Rosen ideal.

Rosen dominieren mit ihren prachtvollen Blüten im Beet, weshalb sich gute Begleiter dezent zurückhalten sollten.

Kerzen-Ehrenpreis

Veronica longifolia

S 50–100 7–8 ☼

Guter Rosenbegleiter in Kontrastfarben.
Wuchs: Aufrechte Horste mit hohen, verzweigten Trieben und schmalen, lanzettlichen Blättern.
Blüte: Klein, in dichten langen Ähren an den Triebenden; in Blautönen, Weiß oder Rosa.
Pflege: Bei Trockenheit wässern, gelegentlich düngen. Verblühtes ausschneiden.
Verwendung: In kleinen Gruppen auf nicht zu trockenen Böden. Bildet durch die Kerzenform einen schönen Kontrast zu den runden Rosenblüten.

Sorten: 'Blauriesin', blauviolett; 'Pink Damast' (siehe Foto), zartrosa; 'Rosa Töne', rosa; 'Schneeriesin', weiß.

Armenischer Storchschnabel

Geranium psilostemon

S 60–120 6–7 ☼–◑

Storchschnabel mit leuchtstarker Blütenfarbe.
Wuchs: Horste aus hohen Stängeln mit großen, handförmigen Blättern; nicht immer standfest.
Blüte: Magentarote Schalen mit dunklem Auge.
Pflege: Auf ausreichend Bodenfeuchte achten. In rauen Lagen etwas Winterschutz geben.
Verwendung: Schön zu weißen Rosen.

Blauraute

Perovskia abrotanoides

HStr 60–100 6–9 ☼

Üppig-duftige Blütenfülle in leuchtendem Blau.
Wuchs: Breitbuschig, strauchartig, mit am Grund verholzenden Trieben. Fein gefiedertes, graugrünes Laub im unteren Bereich der Triebe.
Blüte: Klein, tief violettblau, in dichten, verzweigten Ähren; aromatisch duftend.
Pflege: Scharfer Rückschnitt im Frühjahr fördert den Blütenansatz. Leichter Winterschutz.
Verwendung: Für durchlässige, magere Böden. Schön zu roten, rosafarbenen sowie weißen Rosen, passt gut zu graulaubigen Stauden.

Hinweis: Wird auch als *Salvia abrotanoides* geführt.

Mutterkraut

Tanacetum (Syn.: *Chrysanthemum*) *parthenium*

S 20–50 ✿ 6–8 ☼

Rosenbegleiter mit Bauerngartencharme.
Wuchs: Breitbuschige Horste aus aufrechten Trieben mit eingekerbtem Laub, nicht immer standfest. Kurzlebig, teils einjährig gezogen.
Blüte: Weiße oder gelbe, kamillenähnliche Körbchenblüten, auch gefüllt.
Pflege: Regelmäßig wässern, düngen und Verblühtes ausschneiden.
Verwendung: In Gruppen zu roten oder gelben Rosen und Rittersporn.

Heiligenkraut

Santolina chamaecyparissus

S/HStr 30–50 ✿ 7–8 ☼

Das zierende Silbergrau lässt Rosen leuchten.
Wuchs: Am Grund verholzende Polster mit verzweigten Trieben und feinen, kammartig gefiederten, silbergrauen Blättern; aromatisch duftend, wintergrün.
Blüte: Kleine, gelbe, kugelige Blütenköpfchen an den Triebenden.
Pflege: Nach der Blüte zurückschneiden.
Verwendung: Schön als Unterpflanzung oder Beeteinfassung, kann sogar als kleine Schnitthecke verwendet werden; benötigt durchlässige Böden.

Sommer-Salbei

Salvia nemorosa

S 40–70 ✿ 5–7/9 ☼

Einer der besten Rosenbegleiter im Beet.
Wuchs: Flächige Horste mit eiförmigen, mattgrünen Blättern.
Blüte: Meist blaue oder violette, selten weiße Lippenblüten in dichten Kerzen an den Triebenden.
Pflege: Scharfer Rückschnitt nach der Blüte sowie leichte Düngung regen die Zweitblüte an.
Verwendung: Für flächige Begleitpflanzungen, die verschiedenen Sorten lassen sich auch gut miteinander kombinieren.

Sorten: 'Adrian', weiß; 'Amethyst' (siehe Foto), violette Blüten an purpurfarbenen hoch aufrechten Stängeln; 'Blauhügel', mittelblau; 'Caradonna', dunkelviolett; 'Ostfriesland', violettblau.

Katzenminze

Nepeta × faassenii

S 30–60 ✿ 5–9 ☼

Dauerblühende Lavendel-Alternative zu Rosen.

Wuchs: Breitbuschige Horste aus bogigen Trieben mit graugrünen, aromatischen Blättern.

Blüte: Kleine lila, selten weiße Lippenblüten in dichten Quirlen an den Triebenden.

Pflege: Rückschnitt nach der Blüte fördert die Zweitblüte. Nur mäßig düngen.

Verwendung: Schöner und pflegeleichter, nicht bedrängender Rosenbegleiter; auch als Beeteinfassung und mit vielen Sonnenstauden kombinierbar.

Sorten: 'Six Hills Giant', lavendelblau; 'Snowflake', weiß.

Lavendel

Lavandula angustifolia

S/HStr 30–60 ✿ 6–8 ☼

Der Klassiker unter den Rosenbegleitern.

Wuchs: Rundliche Polster aus am Grund verholzenden Trieben mit schmalem, graugrünem Laub; immergrün, aromatisch duftend.

Blüte: Kleine Lippenblüten in dichten, lang gestielten Ähren; violett, rosa oder weiß.

Pflege: Regelmäßig im Frühjahr kräftig stutzen. Blütentriebe nach der Blüte ausschneiden.

Verwendung: Ideal zu Rosen und als Beeteinfassung.

Kriechendes Schleierkraut

Gypsophila repens

S 10–20 ✿ 5–7 ☼

Duftiger Rosen-Begleiter, der ihre Füße umspielt.

Wuchs: Locker polsterförmig; kriechende Triebe mit schmal lanzettlichen, graugrünen Blättern.

Blüte: Klein, sternförmig, weiß oder rosa, in lockeren Rispen schleierförmig über den Polstern.

Pflege: Benötigt keine spezielle Pflege.

Verwendung: Als Unterpflanzung von Rosen, auch als Beeteinfassung, schön auf Mauerkronen.

Sorten/Arten: 'Rosa Schönheit', dunkelrosa; 'Rosea', zartrosa. Ähnlich, aber höher wachsend ist das Rispen-Schleierkraut (*G. paniculata*, 80–120 cm, 7–8).

Buntlaubige Pflanzen für den Garten

Rote Blätter mit dunkelgrünen Tupfen, hellgrüne Blätter mit weißen Rändern oder gelbem Mittelfleck: Buntlaubige Pflanzen bieten eine Fülle an Färbungen und Zeichnungen. Obwohl diese Gewächse keine bunten Blüten haben, gelingt es mit ihnen leicht, im Garten für Abwechslung zu sorgen.

Bereits einzelne buntlaubige Gehölze lockern eine monotone Strauchhecke wirkungsvoll auf; genauso gut lassen sich panaschierte Bodendecker rhythmisch in eine einheitliche Flächenpflanzung integrieren, damit diese durch das gefleckte Blattwerk gezielt unterbrochen wird. Im Halbschatten kommen viele Buntlaubige besonders wirkungsvoll zur Geltung: Dort bildet sich ihre Färbung – anders als in der prallen Sonne – am deutlichsten aus. Doch Vorsicht: Ein Zuviel des Guten kann leicht ins Gegenteil umschlagen. Der Effekt ist dann ein kunterbuntes Durcheinander, das kein klares Gestaltungsziel mehr erkennen lässt.

Grüntöne beruhigen das Auge, es gibt sie in unzähligen Formen und Farben – perfekt für die Gartengestaltung ganz ohne Blüten.

Gelbbunter Hartriegel

Cornus alba 'Spaethii'

Str ⬆ 1–1,5 m ✿ 5–6 ☼–◑

Buntes Farbenspiel in Grün-Gelb-Rot.

Wuchs: Breitbuschiger, locker verzweigter Strauch; junge Triebe mit roter Rinde, Blätter elliptisch, hellgrün, am Rand gelblich gefleckt, teils rosa überlaufen.

Blüte: Kleine, cremegelbe Blüten in Scheindolden; im Herbst weiße, teils blau überlaufene Beeren.

Pflege: Nur mäßig schneiden.

Verwendung: Wirkungsvoll an der Gartengrenze.

Sorten: 'Sibirica Variegata', Weißbunter Hartriegel, ähnlich, aber Blätter mit weißem Randbereich, bis 2 m.

Weißbunter Etagen-Hartriegel

Cornus controversa 'Variegata'

Str ⬆ 1,5–3 m ✿ 6 ☼–◑

Eleganter Strauch mit ebenmäßigem Wuchs.

Wuchs: Breiter, aufrechter Strauch mit regelmäßig etagenförmig angeordneten Ästen und elliptischen, gelbgrünen, weiß gerandeten Blättern.

Blüte: Klein, weiß, in breiten Schirmrispen; blauschwarze Früchte.

Pflege: Möglichst nicht schneiden, um die Wuchsform zu erhalten. Bei Trockenheit wässern.

Verwendung: Geschützten Platz wählen.

Buntlaubige Stechpalme

Ilex aquifolium

B ⬆ 3–4 m ✿ 5–6 ☼

Wirkt durch kontraststarke Blätter und Früchte.

Wuchs: Kleiner kegel- oder eiförmiger Baum mit ledrigen, meist buchtig gezähnten Blättern.

Blüte: Klein, weiß. Weibliche Pflanzen bilden rote Beeren, die über Winter haften bleiben.

Pflege: Schnitt besser im Frühjahr als im Herbst durchführen. Grünblättrige Triebe entfernen.

Verwendung: Einzeln oder zu mehreren als Hecke oder Beetbegleiter; schön auch im Vorgarten.

Sorten: 'Argentea Marginata', Blätter weiß gerandet; 'Madame Briot', Blätter gelb gerandet.

Gelbbunte Kriechspindel

Euonymus fortunei

K ⇧⬆ 0,4–3 m ✿ 6–7 ☼–●

Robust, vielseitig und stets adrett anzusehen.

Wuchs: Kriechend und mit Haftwurzeln selbst kletternd; immergrün mit elliptischen Blättern in je nach Sorte unterschiedlicher Färbung.

Blüte: Sehr kleine, gelbgrüne Blütchen.

Pflege: Keine Pflege nötig. In rauen Lagen etwas Winterschutz geben.

Verwendung: Zum Klettern an Hauswänden oder zum Verdecken unschöner Flächen.

Tipp: An Spanndrähten klettert der Spindelstrauch schneller empor.

Sorten: 'Emerald'n Gold' (siehe Foto), breiter goldgelber Blattrand.
Hinweis: Die Samen sind sehr giftig.

Rosa Strahlengriffel

Actinidia kolomikta

K ⬆ 2–3 m ✿ 5–6 ☼–◑

Der Farb-Exot unter den Klettergehölzen.

Wuchs: Mit Schlingtrieben kletternd; große eiförmige Blätter, von der Spitze her weiß-rosafarben.

Blüte: Weiße duftende Blüten und stachelbeerartige, essbare Früchte (an weiblichen Pflanzen).

Pflege: Benötigt Spanndrähte oder eine andere Kletterhilfe. Winterschutz bei Jungpflanzen ratsam.

Verwendung: Etwas geschützte Plätze; auf jedem normalen Gartenboden.

Gelbbunter Efeu

Hedera helix 'Goldheart'

K ⬆ 2–3 m ✿ 9–10 ☼–●

Gelbe Lichtflecken auf dunklem Laubteppich.

Wuchs: Am Boden kriechend bzw. an Stämmen, Wänden etc., selbstkletternd (mit Haftwurzeln); verholzende Trieben mit 3- bis 5-lappigen, im Alter rautenförmigen, immergrünen Blättern, in der Mitte mit großer, weißgelber Zeichnung.

Blüte: Klein, grüngelb, duftend, erst im Alter erscheinend.

Pflege: Bei Trockenheit wässern.

Verwendung: An Mauern, Zäunen, Bäumen.

Funkie, Herzlilie

Hosta-Hybriden

S 20–70 ✿ 6–8 ◑–●

Auffälliger Blickpunkt im Schattengarten.
Wuchs: Kompakte Horste mit lang gestielten, ganzrandigen, derben, stark geaderten Blättern, je nach Sorte grün mit weißem Rand sowie mit weißer oder gelber, oft geflammter Mitte.
Blüte: Je nach Sorte violette oder weiße, längliche Glocken in lang gestielten Trauben.
Pflege: Gelegentlich düngen. Vor allem den Austrieb vor Schneckenfraß schützen.
Verwendung: Einzeln oder in Gruppen am Gehölz- oder am Teichrand, im Beet oder im Kübel.

Sorten: Es gibt eine große Fülle an Sorten mit unterschiedlicher Blattfärbung und -zeichnung, mit gelbem oder weißem, feinem oder breitem Rand.

Kaukasusvergissmeinnicht

Brunnera macrophylla

S 30–50 ✿ 4–5 ◑

Herrliche Frühlingsblüten über buntem Laub.
Wuchs: Breit horstförmig mit großen, silbrig oder gelb gefleckten, herzförmigen Blättern.
Blüte: Lockere Rispen aus leuchtend vergissmeinnichtblauen Blüten zwischen dem Laub.
Pflege: Nach dem Einwachsen nicht nötig.
Verwendung: Vor Gehölzen und im Frühlingsbeet.

Sorten: 'Hadspen Cream', Blätter gelb gefleckt; 'Jack Frost' (siehe Foto), Blätter silbrig, grün geadert.

Purpurglöckchen

Heuchera-Hybriden

S 30–60 ✿ 6–8 ☼–◑

Robuster Blattschmuck in ungewöhnlichen Farben.
Wuchs: Polsterförmig, mit großen, rundlichen, gelappten Blättern; je nach Sorte sehr unterschiedlich gefärbt, teilweise wintergrün.
Blüte: Winzig, weiß oder rot, in duftigen Rispen auf straffen Stielen hoch über dem Laubteppich.
Pflege: Bei Trockenheit wässern; in rauen Lagen Winterschutz geben.
Verwendung: Schön als Beeteinfassung oder am Gehölzrand; hübsch auch im Kübel.

Sorten: Viele neue Sorten in ungewöhnlichen Tönen wie 'Green Spice' (siehe Foto), moosgrün mit rötlichen Adern; 'Venus', silbrig mit dunklen Adern.

Buntlaubiger Garten-Salbei

Salvia officinalis

S/HStr ⇕ 40–60 ✿ 6–7 ☼

Aromatischer Blattschmuck mit Kücheneignung.
Wuchs: Kräftige Horste, am Grund teils verholzend, mit länglich-eiförmigem, graufilzigem Laub.
Blüte: Blauviolette Lippenblüten in mehreren Quirlen an den Triebenden.
Pflege: Leichter Rückschnitt nach der Blüte hält die Horste kompakt; in rauen Lagen Winterschutz.
Verwendung: Am Beetrand und im Gewürzgarten.

Sorten: 'Tricolor' (siehe Foto rechts und Mitte), Blätter teils cremeweiß, teils rötlich.

Eidechsenschwanz

Houttuynia cordata 'Chameleon'

S ⇕ 20–30 ✿ 6–7 ☼–◑

Auffälliger Bodendecker mit schönem Farbspiel.
Wuchs: Durch zahlreiche Ausläufer flächig; kurze, aufrechte Triebe mit herzförmigen, gelb-rot gefleckten, ledrigen Blättern. Prächtige rote Herbstfärbung.
Blüte: Kleine Kolben mit 4 weißen Hochblättern.
Pflege: Nur im Frühjahr pflanzen. Ausläufer bei Bedarf abstechen.
Verwendung: Als Flächendecker im Vorgarten, auf zu kaschierenden Plätzen und am Wasserrand.

Geflecktes Lungenkraut

Pulmonaria officinalis

S ⇕ 20–30 ✿ 3–5 ◑–●

Robuster Frühjahrsblüher mit weiß gefelcktem, dekorativem Laub.
Wuchs: Teppichförmig, kriechende Triebe mit länglich-eiförmigen, gefleckten Blättern.
Blüte: Trichterförmig, rosa und beim Abblühen lila, selten weiß, in kleinen Trauben.
Pflege: Bei anhaltender Trockenheit wässern.
Verwendung: Als Bodendecker unter Gehölzen oder am schattigen Beetrand, zusammen mit Farnen und Frühlingsblühern.

Sorten: 'Sissinghurst White', weiß, Blätter weiß getupft; 'Wuppertal' (siehe Foto), Blüten zuerst rosa, dann blauviolett

Gefleckte Taubnessel

Lamium maculatum

S 15–30 ✿ 5–6 ◑–●

Grafisch wirkender Laubteppich für Problemzonen.

Wuchs: Flächig durch kriechende Ausläufer, die Triebe mit fast dreieckigen, gezähnten Blättern.

Blüte: Große rotviolette Lippenblüten in Quirlen an den Triebenden zwischen den Blättern.

Pflege: Keine spezielle Pflege nötig.

Verwendung: Als Bodendecker unter Gehölzen sowie zur Begrünung unschöner Bereiche. Schön zusammen mit Lungenkraut und *Brunnera*.

Sorten: 'Chequers' (siehe Foto), Blätter dunkelgrün; 'Golden Nuggets', gelbgrünes Laub, beide mit silbernem Mittelstreifen.

Chinaschilf

Miscanthus sinensis

G 60–250 ✿ 8–10 ☼

Eindrucksvolles, gelb gestreiftes Gartengras.

Wuchs: Große, im Alter durch Ausläufer breite Horste mit schilfartigen, elegant übergeneigten Blättern. Meist schöne Herbstfärbung.

Blüte: Federartige Blütenrispen an den straffen Triebenden; buntlaubige Sorten blühen selten.

Pflege: Bei anhaltender Trockenheit wässern.

Verwendung: Sehr vielseitig: als Solitär, Blattschmuck- und Hintergrundpflanzung.

Sorten: 'Strictus', Blätter mit gelben Querstreifen, kaum blühend, steif aufrecht; 'Zebrinus'(siehe Foto), ähnlich, Blätter überhängend.

Gelbbunte Segge

Carex oshimensis 'Evergold'

G 20–30 ✿ 4–5 ◑–●

Dauerhaftes Blatt-Gold für schattige Partien.

Wuchs: Flache Horste aus bogigen, etwas steifen Blättern, die einen hellgelben Mittelstreif aufweisen. Immergrün!

Blüte: Unscheinbare, schlanke, kurze Ähren, an zarten Trieben über dem Laub.

Pflege: In rauen Lagen Winterschutz geben. Horste gelegentlich ausputzen und verbraunte Blätter entfernen.

Verwendung: Vor oder unter Gehölzen. Bevorzugt in Gruppen pflanzen.

STANDORTE

Was ist die Grundlage für einen dauerhaften Gartenerfolg? Wenn Sie bei der Auswahl der Pflanzen nicht nur Ihre persönlichen Vorlieben, sondern auch den gegebenen Standort berücksichtigen. Denn nur so werden alle Arten am besten gedeihen – vollkommen unabhängig davon, ob es sich bei Ihnen um sonnige, schattige, trockene oder feuchte Plätze handelt. Einen tollen Nebeneffekt gibt es auch: Der Pflegeaufwand ist deutlich geringer.

Pralle Sonne und karger Boden

Manchen Pflanzen kann es nicht heiß genug sein. Dort, wo andere schnell »schlapp machen«, zu kümmern beginnen und kaum Knospen ansetzen, blühen diese Arten erst so richtig auf. Sie kommen ursprünglich meist von kargen Naturstandorten, haben sich dort an schwierige Bodenverhältnisse angepasst und sie sogar für sich genutzt. Auf feuchteren Böden geraten diese Pflanzen hingegen oft in Schwierigkeiten, weil sie von konkurrenzkräftigeren Nachbarn bald überwachsen werden.

Genügsame Schönheiten

An Trockenheit und Nährstoffarmut gewöhnt, sind diese Pflanzen besonders pflegeleicht. Sie nehmen es nicht übel, wenn der Boden trockenfällt und das Gießen mehrere Tage lang unterbleibt.

Auch häufiges Düngen ist eher schädlich, es verwöhnt die Pflanzen, macht sie in späteren Hitzeperioden anfälliger für Trockenstress. Halten Sie sich deshalb in der Pflege ruhig zurück und genießen mit Ihren attraktiven Überlebenskünstlern den heißen Sommer!

Die Auswahl der Spezialisten für trockene, vollsonnige Plätze ist zwar begrenzt, dennoch lassen sich mit ihnen schöne Gartenbereiche gestalten.

Steppenkerze

Eremurus-Ruiter-Hybriden

Z 120–180 6–7

Imposante Blütenkerzen für vertikale Akzente.
Wuchs: Eintriebige Knollenpflanze mit straffen Blütentrieben und riemenförmigen Blättern.
Blüte: Große Traube aus sternförmigen Blüten in Weiß, Gelb, Orange oder Rosa.
Pflege: Tief und vorsichtig (die Wurzeln sind brüchig!) auf eine Dränage aus Sand pflanzen; zum Austrieb düngen; Winterschutz geben.
Verwendung: Einzeln oder in kleinen Gruppen im sonnigen Beet, schön zusammen mit Iris, Lavendel, Kugeldisteln und Gräsern.

Blauraute

Perovskia (Syn.: *Salvia*) *abrotanoides*

HStr 60–100 6–9

Üppig-duftige Blütenfülle in leuchtendem Blau.
Wuchs: Breitbuschig, strauchartig, mit am Grund verholzenden Trieben. Fein gefiedertes, graugrünes Laub im unteren Bereich der Triebe.
Blüte: Klein, tief violettblau, in dichten, verzweigten Ähren in der oberen Triebhälfte; aromatisch duftend.
Pflege: Scharfer Rückschnitt im Frühjahr fördert den Blütenansatz; leichten Winterschutz geben.
Verwendung: Schön zu graulaubigen Stauden.

Großblütige Königskerze

Verbascum densiflorum

80–120 7–8

Eindrucksvoller Blickfang im Beet.
Wuchs: Im 1. Jahr eine dichte Grundblattrosette, aus der im 2. Jahr der straffe Blütentrieb sprießt.
Blüte: Groß, gelb, in dichten, filzig behaarten Trauben hoch über der Blattrosette.
Pflege: Schwere Böden meiden.
Verwendung: Einzeln auf durchlässigen Böden; schön zu Salbei und Gräsern. Versamt sich.

Sorten/Arten: 'Cotswold Queen', gelb mit rotem Auge. Daneben eignen sich auch andere Königskerzen-Arten.

Witwenblume

Knautia macedonica

S 60–90 ✿ 7–9 ☼

Rote Blütentupfen, die über dem Laub schweben.

Wuchs: Breite Horste aus stark verzweigten Trieben mit eiförmigen, zerteilten Blättern.

Blüte: Sehr klein, trichterförmig, in rundlichen, leuchtend weinroten Köpfchen.

Pflege: Benötigt keine besondere Pflege.

Verwendung: In Gruppen auf eher trockenen Böden, mit Königskerzen, Kugeldisteln und Gräsern.

Lavendel

Lavandula angustifolia

S/HStr 30–60 ✿ 6–8 ☼

Mittelmeer-Flair auf kargem Boden.

Wuchs: Rundliche Polster aus am Grund verholzenden Trieben mit schmalem, graugrünem Laub; immergrün, aromatisch duftend.

Blüte: Kleine Lippenblüten in dichten, lang gestielten Ähren; violett, rosa oder weiß.

Pflege: Regelmäßig im Frühjahr kräftig stutzen. Blütentriebe nach der Blüte ausschneiden.

Verwendung: Schön als Beeteinfassung und Gruppenpflanzung, zusammen mit Sonnenröschen, Iris, Gräsern und graulaubigen Stauden.

Sorten: 'Alba', weiß; 'Hidcote Blue' (siehe Foto), dunkelviolett; 'Hidcote Pink', rosa; 'Munstead', hell blauviolett.

Dost, Heidegünsel

Origanum-Hybriden

S/HStr 30–60 ✿ 7–9 ☼

Aromatisch, pflegeleicht und lange blühend.

Wuchs: Kompakte Büsche mit am Grund verholzenden Trieben und ovalen, aromatischen Blättern.

Blüte: Kleine, rosafarbene Lippenblüten in dichten Quirlen an den Triebspitzen.

Pflege: Braucht keine besondere Pflege.

Verwendung: Im Beet mit Sonnenröschen, Lavendel, Woll-Ziest und Gräsern; schön auch im Kübel.

Sorten/Arten: 'Rosenkuppel' (siehe Foto), rosarot; *O. laevigatum* 'Herrenhausen', rotviolett, rotlaubig, 40 cm.

Purpur-Fetthenne

Hylotelephium (Syn.: *Sedum*) *telephium*

S 50–60 ✿ 8–10 ☼

Anspruchslos, pflegeleicht und lange attraktiv.

Wuchs: Breite Horste aus aufrechten, mit fleischigen ovalen Blättern besetzten Trieben.

Blüte: Klein, sternförmig, in schirmförmigen Dolden über den Trieben; altosa bis rostrot gefärbt.

Pflege: Braucht keine besondere Pflege. Rückschnitt erst im Frühjahr.

Verwendung: Auf durchlässigen, mageren Böden. Sehr schön zu Gräsern.

Sorten: 'Herbstfreude' (siehe Foto), braunrot.
Hinweis: Wird auch unter *Hylotelephium maximum* geführt.

Bart-Iris, Schwertlilie

Iris-Barbata-Hybriden

S 15–120 ✿ 4–6 ☼

Betörende Schönheit für sonnig-trockene Plätze.

Wuchs: Oberflächennah kriechendes Rhizom mit schwertförmigen, graugrünen Blättern.

Blüte: Aus je 3 aufrechten und 3 herabhängenden Blütenblättern mit »Bart« bestehend; in fast allen Farbtönen, auch mehrfarbig.

Pflege: Rhizome waagerecht pflanzen und nur leicht mit Erde bedecken.

Verwendung: In Gruppen; schön zu Lavendel, Sonnenröschen und Gräsern.

Sorten: Niedrige (Nana-, bis 30 cm), mittelhohe (Media-, bis 70 cm) und hohe (Elatior-Hybriden, bis 120 cm).

Sonnenröschen

Helianthemum-Hybriden

S/HStr 15–30 ✿ 5–8 ☼

Farbenfroher und blühfreudiger Sonnen-Blüher.

Wuchs: Breite Polster aus am Grund verholzenden Trieben mit kleinen graugrünen Blättern.

Blüte: Zahlreiche kleine Schalenblüten in Gelb, Orange, Rosa, Rot oder Weiß, auch gefüllt.

Pflege: Nach der Blüte zurückschneiden, um kompakten Wuchs zu fördern.

Verwendung: Gruppenweise am Beetrand, auf Mauerkronen, im Steingarten.

Teppich-Glockenblume

Campanula portenschlagiana

S ⇧ 10–30 ✿ 6–9 ☼

Prächtiger, anspruchsloser Blütenteppich.
Wuchs: Kriechende, mit herzförmigen Blättern besetzte Triebe, die allmählich Teppiche bilden.
Blüte: Sternförmige Glockenblüten in kräftigen Violetttönen oder in Weiß.
Pflege: Benötigt keine besondere Pflege.
Verwendung: Schön auf Mauerkronen, als Wegeinfassung oder in Plattenfugen.

Sorten: 'Birch Hybrid', großblütigere Kreuzung.

Woll-Ziest

Stachys byzantina

S ⇧ 10–30 ✿ 7–8 ☼

Silbrige Laubteppiche lassen Blüten leuchten.
Wuchs: Bildet durch Ausläufer dichte Teppiche aus elliptischen, filzig behaarten, silbergrauen Blättern.
Blüte: Kleine rosa Lippenblüten in Quirlen auf dicht behaarten, aufrechten Trieben.
Pflege: Keine Pflege nötig.
Verwendung: Für magere Plätze, Steingärten und Wegränder, passt zu vielen Blütenfarben. Bodennässe meiden.

Sorten: 'Cotton Ball', wollige Blütentriebe; 'Silver Carpet', wenig blühend.

Polster-Silberraute

Artemisia schmidtiana 'Nana'

S ⇧ 15–30 ✿ 6–7 ☼

Silbergrauer Blattschmuck in Polsterform.
Wuchs: Kompakte Polster mit nadelartig gefiederten, silbrig behaarten Blättern.
Blüte: Weißlich, klein; blüht nur selten!
Pflege: Vor Winternässe schützen.
Verwendung: In Gruppen auf durchlässigen Böden, als Beeteinfassung, im Steingarten, auf Mauerkronen.
Tipp: Schön als Rosen-Unterpflanzung.

Silberährengras

Stipa (Syn.: *Achnatherum*) *calamagrostis*

G 30–90 ✿ 6–9 ☼

Sorgt dauerhaft für duftige Struktur im Beet.

Wuchs: Breite Horste mit überhängenden Blütenhalmen.

Blüte: Schlanke silbrige Rispen auf bogig geneigten Stielen. Lange Blütezeit!

Pflege: Keine besondere Pflege nötig.

Verwendung: Im Beet wie auf Freiflächen im Naturgarten, einzeln oder in Gruppen. Schwere Böden meiden!

Sorten: 'Algäu' (siehe Foto), besonders lange Blühzeit; 'Lemperg', blaugrünes Laub, kompakt, schöne braunrote Herbstfarbe.

Mädchenhaargras

Stipa pennata

G 30–60 ✿ 5–6 ☼

Fasziniert als haarfeines, duftiges Gräserbüschel.

Wuchs: Dichte aufstrebende Horste aus eingerollten graugrünen Blättern.

Blüte: Zarte längliche Rispen mit bis 20 cm langen, silbrig-seidigen Grannen über dem Laub.

Pflege: Keine besondere Pflege nötig.

Verwendung: Kalkhaltige, magere Böden.

Blau-Schwingel

Festuca glauca

G 20–60 ✿ 6–7 ☼

Bläuliche Farbe und borstige Struktur fürs Beet.

Wuchs: Kleine halbkugelige Horste mit nadelartigen, grau bis bläulich gefärbten Blättern.

Blüte: Aufrechte, lockere Rispen, nur zur Blüte ausgebreitet, danach verbraunend.

Pflege: Anspruchslos. Blütentriebe nach dem Verblühen abschneiden oder ausreißen.

Verwendung: Magere, durchlässige, auch sandige oder steinige Böden. Je magerer und sonniger der Standort, desto intensiver die Blattfärbung.

Sorten: 'Azurit' (siehe Foto), silbrig blau; 'Blaufuchs', intensiv stahlblau.

Wechselweise Sonne und Schatten

Standorte, die nur zeitweise von der Sonne beschienen sind, werden halbschattig genannt. Viele Pflanzen fühlen sich gerade dort besonders wohl, denn hier erhalten sie von allem ein gesundes Mittelmaß: Ausreichend Licht ohne pralle Sonne, dazu genügend Feuchtigkeit und Nährstoffe im Boden.

Wenn Ihr Garten teilweise im Halbschatten liegt, haben Sie fast schon die Qual der Wahl: Dafür steht Ihnen eine breite Palette an Pflanzen zur Verfügung, aus der Sie nach Herzenslust auswählen können. Manche Arten für den Halbschatten blühen bereits ganz früh im Jahr. Sie nützen die laublose Zeit der Bäume für sich, bevor diese ihr beschattendes Blätterdach über ihnen ausbreiten. Die meisten Halbschatten-Pflanzen kommen jedoch erst ab der Sommermitte zur Blüte. Sie brauchen etwas mehr Anlauf, entfalten sich dafür aber umso prächtiger, oft sogar bis in den Herbst hinein, und bieten dann bei Raureif einen schönen Anblick.

Für den Halbschatten ist die Auswahl geeigneter Pflanzen besonders groß, das indirekte Licht lässt die Farben leuchten.

Wald-Geißbart

Aruncus dioicus

S | 150–200 | ✿ 6–7 | ◑–●

Wertvolle, imposante Schattenstaude.
Wuchs: Große Horste mit aufrechten Trieben und gefiedertem Laub.
Blüte: Zart und cremefarben, in großen, leicht überhängenden Rispen über den Blättern.
Pflege: Einmal eingewachsen, braucht er keine Pflege mehr.
Verwendung: Einzeln am Gehölzrand.
Tipp: Männliche Pflanzen bevorzugen, sie blühen reiner weiß und duftiger.

Fingerhut

Digitalis purpurea

S | 100–150 | ✿ 6–7 | ◑–●

Kurzlebige, pflegeleichte Waldrandstaude für schattige Plätze.
Wuchs: Straff aufrechte Triebe aus einer Blattrosette am Grund, Blätter graufilzig, spitz-eiförmig. Oft nur zweijährig, vermehrt sich jedoch durch Selbstaussaat.
Blüte: Große rosa bis purpurfarbene Blütenglocken, innen weißlich, gefleckt.
Pflege: Sehr anspruchslose heimische Wildstaude.
Verwendung: Schön am Gehölzrand.
Tipp: Oft nur zweijährig, vermehrt sich jedoch durch Selbstaussaat.

Hinweis: Sehr giftig!

Herbst-Anemone

Anemone-Japonica-Hybriden

S | 40–120 | ✿ 8–10 | ◑

Romantischer Herbstaspekt im Halbschatten.
Wuchs: Buschig, mit verzweigten Trieben und großen, dreilappigen Blättern; wächst in die Breite.
Blüte: Große, duftige Schalen in Rosa oder Weiß.
Pflege: Bei Trockenheit kräftig wässern. Braucht im ersten Jahr etwas Winterschutz.
Verwendung: Am Gehölzrand oder in halbschattigen Rabatten. Gut zu kombinieren.

Sorten: 'Honorine Jobert', weiß, großblütig, bewährte Sorte; 'Königin Charlotte', rosa, halbgefüllt; 'Rosenschale' (siehe Foto), rosa mit dunklem Rand.

Riesen-Glockenblume

Campanula lactiflora

S | 80–120 | ✿ 6–8 | ☼–◑,

Überreiche Blütenfülle in zarten Farben.
Wuchs: Große Horste mit leicht übergeneigten Trieben, eiförmige Blätter.
Blüte: Unzählige breitglockige Sternblüten in dichten Rispen, in Zartviolett, Rosa oder Weiß.
Pflege: Ausreichend wässern und düngen, bei Bedarf stützen.
Verwendung: Sehr schön in halbschattigen Rabatten mit Geißbart, Storchschnabel und Gräsern.

Sorten: 'Loddon Anna', lilarosa; 'Prichard's Variety' (siehe Foto), hellviolett.

Blauer Eisenhut

Aconitum napellus

S | 80–120 | ✿ 7–8 | ◑–●

Langlebige heimische Waldstaude.
Wuchs: Aufrechte Horste aus straffen Trieben mit handförmigen, tief zerteilten Blättern.
Blüte: Leuchtend blau, helmförmig, in schlanken Rispen an den Triebenden.
Pflege: Bei Trockenheit wässern; ausreichend düngen.
Verwendung: Kühle, nährstoffreiche Lagen bevorzugen. Schön zu Geißbart, Astilben, Gräsern.

Hinweis: Alle Teile sind stark giftig!

Schnee-Felberich

Lysimachia clethroides

S | 60–80 | ✿ 7–9 | ☼–◑

Robuste Begleitstaude mit auffälligen Blüten.
Wuchs: Breite Horste aus aufrechten Trieben mit lanzettlichen Blättern, bildet kurze Ausläufer.
Blüte: Kleine weiße Sterne in kegelförmigen Trauben, die sich beim Aufblühen allmählich aufrichten.
Pflege: In rauen Lagen leichter Winterschutz.
Verwendung: In kleinen Gruppen vor Gehölzen oder am Teichrand; schön mit Eisenhut, Storchschnabel. Schöne rote Herbstfärbung.

Schönaster

Kalimeris incisa (Syn.: *Aster incisus*)

S 60–80 6–9 ☼–◑

Asternartiger, stets adretter Langzeitblüher.
Wuchs: Große standfeste Horste aus reich verzweigten, lanzettlich beblätterten Trieben.
Blüte: Weiß oder lila, asternähnlich, mit gelber Mitte.
Pflege: Bei anhaltender Trockenheit wässern; Verblühtes laufend ausschneiden.
Verwendung: Einzeln im Herbstbeet oder vor Gehölzen, passt zu allen Blütenfarben und Gräsern.

Astilbe

Astilbe-Hybriden

S 40–80 6–9 ◑

Leuchtende Farbenpracht am Gehölzrand.
Wuchs: Breite Horste aus aufrechten Trieben mit gefiedertem, gezähntem Laub.
Blüte: Duftige, reichblühende Rispen in Rosa, Weiß oder Rot.
Pflege: Gut wässern und düngen.
Verwendung: Gruppenweise auf ausreichend luft- und bodenfeuchten Standort; sehr schön zu Gräsern und anderen Schattenstauden.

Sorten/Arten: Verschiedene Gruppen mit unterschiedlicher Blütezeit und Höhe, mit aufrechten oder leicht überhängenden Rispen; Wildart-Züchtungen wie *A. chinensis* var. *taquetii* 'Purpurlanze' (siehe Foto), dichte purpurrosa Rispen, spätblühend, 50-80 cm.

Sterndolde

Astrantia major

S 50–70 6–8 ◑

Vielseitig kombinierbare heimische Wildstaude.
Wuchs: Horste mit aufrechten Trieben und handförmigen Blättern.
Blüte: Kleine, kugelige Dolden mit gefärbten Hüllblättern, in Weiß, Rosa- und Rottönen.
Pflege: Benötigt keine besondere Pflege.
Verwendung: Sehr schön am Gehölzrand und in naturnahen Pflanzungen.
Tipp: Sät sich an passenden Plätzen selbst aus.

Sorten: 'Claret' (siehe Foto), dunkelrot; 'Ruby Cloud', kräftig rosa.

Gewöhnliche Akelei

Aquilegia vulgaris

S ↑ 40–80 ✿ 5–6 ◑

Anmutig und ideal zum Verwildern.
Wuchs: Aufrecht, in lockeren Horsten mit 3-teiligen, blaugrünen Blättern; zieht früh ein.
Blüte: Nickend, mit auffälligem Sporn, meist violett, aber auch in Weiß oder Rosa.
Pflege: Kurzlebig, daher einige Blütentriebe nach dem Abblühen zur Selbstaussaat stehen lassen.
Verwendung: In kleinen Gruppen; am Gehölzrand oder im Beet – jedoch nicht im Vordergrund.

Hinweis: Vorsicht, die Pflanze ist giftig!

Dreiblattspiere

Gillenia trifoliata

S ↑ 60–100 ✿ 6–7 ◑–●

Grazile Staude mit toller Herbstfarbe.
Wuchs: Buschige Horste mit aufrechten Trieben, dreiteiligen Blättern und schöner orangeroter Herbstfärbung.
Blüte: Kleine weiße Sterne, die in Rispen über dem Laub zu schweben scheinen.
Pflege: Benötigt keine besondere Pflege.
Verwendung: Am Gehölzrand oder im Halbschatten mit Stauden wie Purpurglöckchen, Schneefelberich, Gräsern und Farnen.

Himalaja-Storchschnabel

Geranium himalayense

HS ↑ 30–40 ✿ 6–8 ◑

Duftige Blüten in herrlichem Blauviolett.
Wuchs: Aufrechte Horste mit handförmigem Laub.
Blüte: Groß, leuchtend blauviolett mit rosa Adern.
Pflege: Keine Pflege nötig. Bei Rückschnitt nach der Blüte erfolgt Zweitblüte im Spätsommer.
Verwendung: Einzeln oder in Gruppen in Gehölz- oder Wassernähe, etwa mit Frauenmantel und Gräsern; herrlich auch zu Rosen.

Sorten: 'Gravetye' (siehe Foto), blauviolett, großblütig, bewährte Sorte.

Balkan-Storchschnabel

Geranium macrorrhizum

S 30–40 ✿ 6–7 ◑–●

Problemloser Bodendecker für den Halbschatten.

Wuchs: Flächig; kriechende Rhizome mit großen, handförmigen Blättern.

Blüte: Klein, weißlich- oder karminrosa, über dem Laubteppich.

Pflege: Keine Pflege nötig.

Verwendung: Als Flächendecker unter Gehölzen oder in schwer zu pflegenden Bereichen.

Sorten: 'Czakor' (siehe Foto), karminrosa; 'Spessart', weißlich rosa.

Gelbblatt-Funkie, Herzlilie

Hosta-Hybriden

S 40–80 ✿ 6–8 ◑–●

Eindrucksvoller Blattschmuck als Blickfang.

Wuchs: Kompakte Horste mit lang gestielten, ganzrandigen, derben, stark geaderten Blättern, gelbgrün oder gelb mit grünem Rand.

Blüte: Je nach Sorte violette oder weiße, längliche Glocken in lang gestielten Trauben.

Pflege: Gelegentlich düngen. Vor allem den Austrieb vor Schneckenfraß schützen.

Verwendung: Einzeln oder in Gruppen am Gehölz- oder am Teichrand, im Beet oder im Kübel.

Sorten: 'Sum and Substance' (siehe Foto), sehr groß und breit, gelbgrünes bis gelbes Laub, Blüte lilablau, 80 cm; 'Sun Power', Blätter goldgelb, groß, Blüte lilablau, 60 cm.

Weißrand-Funkie, Herzlilie

Hosta-Hybriden

S 20–70 ✿ 6–8 ◑–●

Die Blattschmuckpflanze für den Schattenbereich.

Wuchs: Wie Gelbblatt-Funkien, Blätter jedoch grün mit weißem, oft geflammtem Rand.

Blüte: Wie bei Gelbblatt-Funkien.

Pflege: Gelegentlich düngen.

Vor allem den Austrieb vor Schneckenfraß schützen.

Verwendung: Wie Gelbblatt-Funkien. Sehr schön zu Farnen, Gräsern und Rhododendren.

Sorten: 'Francee' (siehe Foto), Blätter mit feinem weißen Rand, Blüte violett; 'Sum Patriot', Blätter dunkelgrün mit breitem weißen Rand, Blüte lilablau, 70 cm.

Purpurglöckchen

Heuchera-Hybriden

S ⇧ 30–60 ✿ 6–8 ☼–◑

Farbkräftiger Blattschmuck, duftige Blüten.
Wuchs: Polsterförmig, mit großen, rundlichen, gelappten Blättern; je nach Sorte sehr unterschiedlich gefärbt; teilweise wintergrün.
Blüte: Winzig, weiß oder rot, in duftigen Rispen auf straffen Stielen hoch über dem Laubteppich.
Pflege: Bei Trockenheit wässern; in rauen Lagen Winterschutz.
Verwendung: Schön als Beeteinfassung oder am Gehölzrand; gut kombinierbar.

Sorten: Viele neue Sorten in ungewöhnlichen Tönen wie 'Blackberry Jam', brombeerrot; 'Créme Brûlée', ockerbraun; 'Stoplight' (siehe Foto), gelbgrün mit rötlicher Aderung; 'Stormy Seas', unterseits weinrot, oberseits silbrig-rot; Klassiker: *H. micrantha* 'Palace Purple', bronzerot.

Frauenmantel

Alchemilla mollis

S ⇧ 30–40 ✿ 6–7 ☼–◑

Vielseitig kombinierbare, robuste Begleitstaude.
Wuchs: Halbkugelförmig mit großen, rundlichen, gelappten Blättern.
Blüte: Grüngelbe Schleier aus kleinen Blüten.
Pflege: Rückschnitt nach der Blüte, altes Laub im Frühjahr entfernen.
Verwendung: Als Bodendecker, Randbepflanzung, im Beet oder am Wasser.

Kaukasusvergissmeinnicht

Brunnera macrophylla

S ⇧ 30–50 ✿ 4–5 ◑

Problemloser, sehr dekorativer Frühlingsblüher.
Wuchs: Breit horstförmig mit großen, kräftig grünen, apart herzförmigen Blättern.
Blüte: Lockere Rispen aus leuchtend vergissmeinnichtblauen Blüten zwischen dem Laub.
Pflege: Nach dem Einwachsen ist keine Pflege nötig.
Verwendung: Vor Gehölzen und im Frühling. Keine zu trockenen Plätze wählen.

Bergenie

Bergenia-Hybriden

S 30–40 ✿ 4–5 ◑

Sehr anspruchsloser, langlebiger Frühjahrsblüher.

Wuchs: Durch Rhizome langsam kriechend; große, ledrige, rundliche Blätter; immergrün, mit Herbstfärbung.

Blüte: Trichterförmig, rot, rosa oder weiß, in dichten, gestielten Trauben über dem Laub.

Pflege: Im Frühjahr altes Laub abschneiden.

Verwendung: Vielseitig verwendbar als Beeteinfassung, an Treppen, auf Mauern oder vor Gehölzen.

Zwerg-Herzblume

Dicentra formosa

S 20–30 ✿ 7–8 ◑–●

Graziler Bodendecker mit zartem Blütenflor.

Wuchs: Durch kurze Ausläufer teppichbildend, Blätter blaugrün, farnartig gefiedert.

Blüte: Rosarot, selten weiß, gestreckt herzförmig, in bogenartigen Trauben über dem Laubteppich.

Pflege: Bei anhaltender Trockenheit wässern.

Verwendung: Schön zu naturhaften Arten wie Akelei, *Brunnera* oder Gedenkemein.

Großblütige Elfenblume

Epimedium grandiflorum

S 20–30 ✿ 4–5 ◑–●

Problemloser Bodendecker mit hübschen Blüten.

Wuchs: Flächig-polsterförmig mit sommergrünen, 3-teiligen, asymmetrisch-herzförmigen Blättern.

Blüte: Groß, rosa, violett oder weiß, in Rispen über dem Laubteppich.

Pflege: Altes, unansehnliches Laub abschneiden, sonst keine Pflege nötig.

Verwendung: Als Bodendecker vor und unter Gehölzen. Schön zu Gräsern.

Sorten: 'Akebono' (siehe Foto), zartlila, elfengleich; 'Lilafee', violett, großblütig.

Rasen-Schmiele

Deschampsia cespitosa

G 40–120 ✿ 6–7 ◑

Zauberhaft zart und duftig im Gegenlicht.
Wuchs: Halbkugelige bis breite Horste, lange, schmale, oberseits raue Blätter in frischem Grün.
Blüte: Fein verästelte, längliche Blütenrispen auf straffen Stielen über dem Laub.
Pflege: Kaum Pflege. Blütentriebe wegen der dekorativen Wirkung über Winter stehen lassen.
Verwendung: Einzeln auf ausreichend feuchten Böden.

Sorten: 'Bronzeschleier', früh blühend, färbt sich goldbraun; 'Goldschleier', färbt sich goldgelb; 'Palava' (siehe Foto), standfest, kompakt, sät sich nicht aus; 'Tardiflora', etwas niedriger und kompakter, nach der Blüte hellbraun.

Schnee-Marbel

Luzula nivea

G 20–40 ✿ 6–7 ◑–●

Duftiges Gras für schattige Bereiche.
Wuchs: Lockere Horste, durch Ausläufer, die sich allmählich rasenartig ausbreiten. Dunkelgrüne, am Rand bewimperte, schmale Blätter, die stark überhängen. Wintergrün.
Blüte: Weiße büschelige Rispen über dem Laub.
Pflege: Braucht keine Pflege. Rückschnitt erst im Frühjahr.
Verwendung: Als Bodendecker unter Gehölzen.

Gelbbuntes Japan-Waldgras

Hakonechloa macra 'Aureola'

G 30–50 ✿ 8–9 ◑

Eleganter Blattschmuck und Blickfang.
Wuchs: Buschige Horste, die sich durch Ausläufer langsam verbreitern. Übergeneigte Triebe mit hellgrünen, gelb gestreiften Blättern. Vergrünt im tiefen Schatten.
Blüte: Lockere Rispen, nur wenig über dem Laub.
Pflege: Leichter Winterschutz in raueren Lagen.
Verwendung: Im Beet oder am Gehölzrand mit anders gefärbten Blattschmuckstauden. Keine zu trockenen Böden wählen.

Japan-Segge

Carex morrowii

G 30–40 ✿ 4–5 ◑

Immergrüner Bodendecker für Schattenpartien.
Wuchs: Halbkugelige, etwas struppig wirkende Horste mit schmalen, übergebogenen Blättern.
Blüte: Unscheinbare, gelbbraune Ähren.
Pflege: Bei Trockenheit wässern, in rauen Lagen vor Wintersonne schützen. Verbraunte Horste im Frühjahr scharf zurückstutzen.
Verwendung: Am besten in Gruppen, am Gehölzrand oder zusammen mit Stauden im Beet.

Sorten: 'Ice Dance' (siehe Foto), ähnliche Form von 'Variegata' mit breiteren Streifen; 'Variegata', Blätter am Rand gelb gestreift.

Straußfarn, Trichterfarn

Matteuccia (Syn.: *Onoclea*) *struthiopteris*

F 80–120 ✿ – ◑–●

Ebenmäßig geformter Farn in frischem Grün.
Wuchs: Schlanke Trichter aus großen, hellgrünen Wedeln mit sehr regelmäßiger Fiederung. Verbreitet sich flächig durch Ausläufer. Treibt im Sommer im Zentrum kürzere, braune Wedel, die die Sporen bilden.
Pflege: Bei Trockenheit rechtzeitig wässern, sonst welken die Blätter. Ausläufer abstechen.
Verwendung: Schön unter Gehölzen, auch am Wasser. Auf ausreichend Bodenfeuchte achten.

Weicher Schildfarn

Polystichum setiferum

F 40–80 ✿ – ◑–●

Der am feinsten gefiederte Garten-Farn.
Wuchs: Breite Horste mit fein gefiederten, an der Rippe beschuppten Wedeln; wintergrün.
Pflege: Vor Austrocknung (auch im Winter) schützen. In rauen Lagen etwas Winterschutz geben.
Verwendung: Auf ausreichend bodenfeuchten Plätzen unter Gehölzen.

Sorten: 'Herrenhausen', größer und breiter als die Art; kräftig grün; 'Plumosum Densum' (siehe Foto), Flaumfeder-Filigranfarn, noch stärker zerteilte Wedelfiedern, teils gekräuselt.

Im trockenen Schatten unter Gehölzen

Dies ist wohl der schwierigste Standort im Garten: Eine Fläche unter höheren Bäumen oder Sträuchern, deren dichtes Laub kaum Sonne und Regen durchlässt. Abgeschirmt vom Blätterdach, ist der Boden darunter schattig und trocken zugleich; das wenige Wasser, welches dennoch in der Erde ankommt, nehmen die Gehölzwurzeln begierig auf.

Unter solchen Bedingungen tun sich die allermeisten Pflanzen schwer. Sie erhalten nur wenig Licht, dazu kaum Feuchtigkeit.

Gar nicht so schwierig

Nur die robustesten Spezialisten können hier überleben. Pflanzen, die an diesem Standort gut gedeihen sollen, müssen sowohl anspruchslos, als auch anpassungsfähig sein.

Als Gartenbesitzer können Sie hier keine Blühwunder erwarten; aber wenn es Ihnen gelingt, den Bereich unter Ihren Gehölzen zu begrünen und es dort auch noch ab und an blüht, können Sie dies getrost als echten Gärtnererfolg für sich verbuchen.

Für Bereiche mit trockenem Schatten unter Bäumen und großen Sträuchern eignen sich vor allem robuste Flächendecker.

Efeu

Hedera helix

K | 2–>5 m | ✿ 9–10 | ☼–●

Immergrünes Blätterkleid mit wenig Ansprüchen.
Wuchs: Am Boden kriechend bzw. an Stämmen etc. selbstkletternd (mit Haftwurzeln), mit stark verholzenden Trieben und 3- bis 5-lappigen, im Alter rautenförmigen, immergrünen Blättern.
Blüte: Erst im Alter kleine, grüngelbe, duftende Blüten in rundlichen Dolden; schwarze Beeren.
Pflege: Keine Pflege nötig.
Verwendung: Zur Begrünung von Problemflächen unter Gehölzen ideal, da sehr schattentolerant.

Sorten: 'Arborescens' (siehe Foto), wächst strauchartig, bis etwa 1 m hoch, kann auch geschnitten werden.

Balkan-Storchschnabel

Geranium macrorrhizum

S | 30–40 | ✿ 6–7 | ◑–●

Anspruchsloser Bodendecker unter Gehölzen.
Wuchs: Flächig; kriechende Rhizome mit großen, handförmigen Blättern.
Blüte: Klein, weißlich- oder karminrosa, über dem Laubteppich.
Pflege: Keine Pflege nötig.
Verwendung: Als Flächendecker unter Gehölzen oder in schwer zu pflegenden Bereichen.

Sorten: 'Album', weiß; 'Czakor', karminrosa; 'Spessart' (siehe Foto), weißlich rosa.

Bergenie

Bergenia-Hybriden

S | 30–40 | ✿ 4–5 | ◑

Sehr anspruchsloser, langlebiger Frühjahrsblüher.
Wuchs: Langsam kriechende Rhizome mit großen ledrigen rundlichen Blättern; immergrün, schöne Herbstfärbung.
Blüte: Trichterförmig, rot, rosa oder weiß, in dichten, gestielten Trauben über dem Laub.
Pflege: Im Frühjahr altes Laub abschneiden.
Verwendung: Vielseitig: Als Beeteinfassung, an Treppen, auf Mauern oder vor Gehölzen.

Gefiederte Elfenblume

Epimedium pinnatum subsp. *colchicum*

S ⇧ 20–30 ✿ 4–5 ◑–●

Flächendecker mit schöner Herbstfarbe.
Wuchs: Flächendeckend mit auch im Winter grünen, 3- bis 5-teiligen, herzförmigen, ledrigen Blättern.
Blüte: Klein, gelb, in Rispen über dem Laubteppich.
Pflege: Altes, unansehnliches Laub abschneiden, sonst keine Pflege nötig.
Verwendung: In Gruppen als problemloser Flächendecker vor und unter Gehölzen.
Tipp: Verträgt auch trockenere Böden.

Ysander, Dickmännchen

Pachysandra terminalis

HStr ⇧ 10–30 ✿ 4–5 ◑–●

Völlig problemlose Gehölzunterpflanzung.
Wuchs: Teppichbildende Triebe mit spatelförmigen, immergrünen, ledrigen Blättern.
Blüte: Weiß, klein, in kurz gestielten Ähren über dem Laub.
Pflege: Keine Pflege nötig.
Verwendung: Für große und kleine Flächen unter Gehölzen. Schön mit Gräsern und Farnen.
Tipp: Braucht zum Anwachsen etwas Bodenfeuchte.

Rauling

Trachystemon orientalis

S ⇧ 20–40 ✿ 3–4 ☼–●

Robuster Flächendecker unter Gehölzen.
Wuchs: Aus verzweigten Rhizomen Teppiche mit großen, herzförmigen, kräftig grünen rauen Blättern.
Blüte: Violettblau, klein, mit zurückgeschlagenen Blütenblättern und einer Spitze aus Staubblättern, in kurzen verzweigten Blütenständen knapp über dem Laub.
Pflege: Bei Trockenheit wässern.
Verwendung: Robuster Bodendecker für Flächen unter Gehölzen oder als Streifen an Gehölzrändern zum Weg hin; schön zusammen mit anderen Frühlingsblühern.
Tipp: Durch Trockenheit geschädigte Blätter bodennah zurückschneiden, die Rhizome treiben wieder durch.

Kleines Immergrün

Vinca minor

S 10–20 ✿ 4–5 ◐–●

Problemloser Flächendecker für Schattenplätze.

Wuchs: Teppiche aus niederliegenden, sich bewurzelnden Trieben mit gegenüber stehenden, elliptischen, glänzend grünen Blättern; immergrün.

Blüte: Zarte violette, rote oder weiße Blütensterne in den Blattachseln.

Pflege: Keine Pflege nötig. Bei Bedarf abstechen.

Verwendung: Als Bodendecker unter Gehölzen.

Hinweis: Die Pflanze ist giftig!

Golderdbeere, Waldsteinie

Waldsteinia geoides

S 10–20 ✿ 4–5 ◐–●

Robuste Staude mit hübscher Frühjahrsblüte.

Wuchs: Rundliche Horste, die Triebe mit drei- bis fünflappigem, dunkelgrünem Laub.

Blüte: Gelb, erdbeerähnlich, auf verzweigten Stielen.

Pflege: Bei anhaltenden Trockenperioden wässern.

Verwendung: Als Bodendecker für kleine Bereiche oder in Gruppen mit Frühjahrsblühern unter Gehölzen.

Gewöhnlicher Wurmfarn

Dryopteris filix-mas

F 60–100 ✿ – ◐–●

Verbreitet das Flair heimischer Wälder.

Wuchs: Breit trichterförmig, die dunkelgrünen, breiten Wedel sind doppelt gefiedert und entrollen sich allmählich nach dem bischofsstabartigen Austrieb.

Pflege: Sehr robust. Bei anhaltender Trockenheit wässern. Ältere Wedel belassen (Dünger!).

Verwendung: Kommt mit vielen verschiedenen Böden und Standorten zurecht.

Ähnliche Art: Rotschleier-Wurmfarn (*Dryopteris erythrosora* siehe Foto), ähnlich, aber eleganter, rotbraune Mittelrippe, im Austrieb rötlich braun, 50–70 cm.

Das Wasser immer in der Nähe

Ganz gleich ob Sie einen Teich, einen Bachlauf oder einfach nur leicht sumpfige Bodenverhältnisse haben – die folgenden Pflanzen kommen damit bestens zurecht: Sie lieben die Nähe zum Wasser. Können sie im feuchten Untergrund wurzeln, danken sie es Ihnen mit üppigem Wuchs und ebensolcher Blätterpracht. Einige der imposantesten Gestalten des Gartens finden sich hier, selbst einzeln stehend bereiten sie als Blickfang wahre Freude.

Durch Pflege schön erhalten

Diese Üppigkeit hat freilich ihren Preis: Pflanzen für feuchte Standorte neigen zum Wuchern, sodass Sie in eine solche Pflanzung immer wieder regulierend eingreifen müssen. Deshalb ist es unerlässlich, das Wurzelwerk von Zeit zu Zeit mit dem Spaten abzustechen oder die Pflanzen auszugraben und zu teilen. Doch der Lohn der Arbeit entschädigt für alle Mühen: Eine blütenreiche Pflanzung, welche auch durch prächtigen Blattschmuck erfreut.

In Wassernähe passen Pflanzen mit üppigem Blattwerk und intensiven Blütenfarben besonders gut.

Gewöhnlicher Wasserdost

Eupatorium cannabinum

S ⬆ 100–150 ✿ 7–9 ☼–●

Wuchsfreudiger heimischer Uferbegleiter.
Wuchs: Große Horste aus straff aufrechten Trieben und handförmig gefiederten Blättern.
Blüte: Kleine rosa Körbchenblüten in dichten, kuppelförmigen Doldenrispen.
Pflege: Bei anhaltender Trockenheit wässern; wuchernde Horste bei Bedarf abstechen.
Verwendung: Einzeln oder in kleinen Gruppen am Teich, vor Gehölzen, in naturnahen Pflanzungen.

Riesen-Alant

Inula magnifica

S ⬆ 150–200 ✿ 7–8 ☼

Eindrucksvolle Solitärstaude mit Platzbedarf.
Wuchs: Große, breite Horste aus kräftigen, straffen Trieben mit breit eiförmigen, sehr großen, nach oben kleiner werdenden Blättern.
Blüte: Große gelbe Körbchenblüten mit feinen Strahlen an den Enden verzweigter Stiele.
Pflege: Bei anhaltender Trockenheit wässern, gelegentlich düngen oder mit Kompost versorgen.
Verwendung: Einzeln am sonnigen Teich- oder Gehölzrand.

Kerzen-Ligularie

Ligularia przewalskii

S ⬆ 100–150 ✿ 7–8 ☼–◑

Attraktive Großstaude für feuchte Plätze.
Wuchs: Große Horste aus straff aufrechten Trieben mit großen, herzförmigen, scharf eingeschnittenen Blättern.
Blüte: Kleine gelbe Körbchenblüten in langen, dichten, kerzenförmigen Blütenständen.
Pflege: Regelmäßig wässern und düngen. Den jungen Austrieb vor Schnecken schützen.
Verwendung: In kleinen Gruppen auf ausreichend feuchten Böden, am Bach- und Teichrand. Wirkungsvoll mit hohen Gräsern als Hintergrund.

Sorten/Arten: L.-Hybride bzw. *L. stenophylla* 'Zepter' (siehe Foto), lange, dichte Blütenkerzen hoch über dem Laub, goldgelb, Höhe 120-180 cm.

Gold-Felberich

Lysimachia punctata

S 60–100 ✿ 6–8 ☼–◑

Üppiger Dauerblüher mit Ausbreitungsdrang.
Wuchs: Aufrechte, dicht breit lanzettlich belaubte Triebe, die sich durch Ausläufer stark ausbreiten.
Blüte: Leuchtend gelbe Sterne in den Blattachseln.
Pflege: Benötigt keine besondere Pflege.
Verwendung: In kleinen Gruppen, am Gehölzrand, in Teichnähe und in der Rabatte.

Blut-Weiderich

Lythrum salicaria

S 60–120 ✿ 7–9 ☼–◑

Leuchtkräftige heimische Ufer-Wildstaude.
Wuchs: Aufrechte Horste mit straffen, dicht mit lanzettlichen Blättern besetzten Trieben.
Blüte: Klein, sternförmig, purpurrosa, in dichten Kerzen an den Triebenden.
Pflege: Bei anhaltender Trockenheit wässern. Verblühtes abschneiden.
Verwendung: In Gruppen am Teich- und feuchten Gehölzrand, am Bachlauf, im naturnahen Garten. Schön zu Wiesen-Iris, Gold-Felberich und Gräsern.

Schildblatt

Darmera peltata (Syn.: *Peltiphyllum peltatum*)

S 50–100 ✿ 4–5 ☼–●

Üppiger Blattschmuck mit schöner Herbstfarbe.
Wuchs: Breite, üppige Horste mit lang gestielten, schildförmigen, am Rand gelappten Blättern.
Blüte: Klein, weiß oder rosa, in breit kegelförmigen Rispen auf etwa 50 cm hohen Stielen, erscheinen vor dem Laubaustrieb.
Pflege: Verblühtes abschneiden.
Verwendung: Einzeln in Gewässernähe.

Purpur-Mädesüß

Filipendula purpurea

S 70–100 ✿ 7–8 ☼–◑

Uferstaude mit duftigem Blütenschmuck.
Wuchs: Breite Horste mit straffen Trieben und gefiederten Blättern, treibt Ausläufer.
Blüte: Klein, dunkelrosa, in dichten, fedrigen Doldenrispen über dem Laub.
Pflege: Bei Bedarf Ausläufer abstechen.
Verwendung: Einzeln oder in kleinen Gruppen am Gehölzrand, Bachlauf oder Teich. Schön mit Wasserdost, Wiesen-Iris und Gräsern.

Sorten: 'Elegans' (siehe Foto), karminrosa; F.-Hybride 'Kahome', leuchtend rosa, blüht 7–9.

Sibirische Wiesen-Iris

Iris sibirica

S 40–100 ✿ 5–6 ☼–◑

Edle und grazile Blüten in vielen Farben.
Wuchs: Rhizom mit dichten Horsten schilfartiger Blätter und straffen Blütentriebe.
Blüte: Zahlreiche typische Iris-Blüten, bei der Wildform violett mit Zeichnung, bei den Zuchtsorten Blau, Violett, Weiß, selten Gelb oder Pink.
Pflege: Braucht am richtigen Platz kaum Pflege.
Verwendung: Gruppenweise am Bach- oder Teichrand sowie auf bodenfeuchten Rabatten; schön zu Frauenmantel.

Sorten: 'Cambridge', hellblau; 'White Swirl' (siehe Foto), weiß.

Schlangen-Knöterich

Bistorta officinalis (Syn.: *Persicaria bistorta*)

S 50–90 ✿ 5–6 ☼–◑

Unkomplizierter heimischer Flächendecker.
Wuchs: Durch kriechende Ausläufer teppichbildend; Triebe mit breit lanzettlichen Blättern.
Blüte: Winzig, rosa, in walzenförmigen Ähren an langen Stielen über dem Laubteppich.
Pflege: Benötigt keine besondere Pflege. Zu stark wuchernde Teppiche bei Bedarf abstechen.
Verwendung: Flächig am Bach- und Teichufer oder am feuchten Gehölzrand; schön zu Schau- und Tafelblatt, Mädesüß und Schnee-Felberich.

Wald-Storchenschnabel

Geranium sylvaticum

S   40–60   ✿ 6–7   ☼–◑

Pflegeleichte Unterpflanzung mit Naturcharme.

Wuchs: Lockere, aufrechte Horste, die etwas auseinanderfallen, tief eingeschnittene Blätter.

Blüte: Violett oder weiß, trichterförmig, teils nickend, in lockeren Trauben über dem Laub.

Pflege: Keine Pflege nötig.

Verwendung: Heimische Art für naturnahe Pflanzungen auf feuchten Böden, auch zum Verwildern.

Sorten: 'Album', weiß; 'Mayflower' (siehe Foto), blauviolett.

Funkie, Herzlilie

Hosta-Hybriden

S   20–120   ✿ 6–8   ◑–●

Herrlicher Blattschmuck in Wassernähe.

Wuchs: Kompakte Horste mit lang gestielten, ganzrandigen, derben, stark geaderten Blättern.

Blüte: Je nach Sorte violette oder weiße, längliche Glocken in lang gestielten Trauben.

Pflege: Gelegentlich düngen. Vor allem den Austrieb vor Schneckenfraß schützen.

Verwendung: Einzeln oder in Gruppen am ausreichend feuchten Gehölz- oder Teichrand.

Sorten: Es gibt eine große Fülle an Sorten mit unterschiedlicher Blattfärbung und -zeichnung sowie verschiedener Größe, von zierlich bis sehr groß.

Rote Nelkenwurz

Geum coccineum

S   20–40   ✿ 5–7   ☼–◑

Blüht reich und lange in warmen Farben.

Wuchs: Durch Ausläufer größere Flächen bildend; aufrechte Triebe mit unregelmäßig gelapptem Laub.

Blüte: Leuchtend orangerote, teils gefüllte Schalen auf langen Stielen über dem Blätterteppich.

Pflege: Keine besondere Pflege. Der Rückschnitt von Verblühtem verlängert die Blütezeit.

Verwendung: In Gruppen; schön zu gelb und violett blühenden Partnern.

Himmelsleiter, Jakobsleiter

Polemonium caeruleum

S 40–60 ✿ 5–6/9 ☼–◑

Filigranes Laub und himmelblaue Blüten.
Wuchs: Kompakte Horste aus gefiederten, leiterartigen Blättern und straffen Blütentrieben.
Blüte: Klein, glockig, duftend, himmelblau oder weiß, in dichten Trauben an den Triebenden.
Pflege: Vor Austrocknung und Schnecken schützen. Rückschnitt nach der Blüte für Zweitblüte.
Verwendung: In kleinen Gruppen auf feuchten Böden; schön zu Trollblumen und Wiesen-Iris.

Sorten: 'Album', weiß; 'Brise d'Anjou' Blätter weißgelb gefleckt und gerandet; 'Lambrook Mauve' (siehe Foto), lilablau.

Frauenmantel

Alchemilla mollis

S 30–40 ✿ 6–7 ☼–◑

Vielseitig kombinierbare, robuste Begleitstaude.
Wuchs: Halbkugelförmig mit großen, rundlichen, gelappten Blättern.
Blüte: Dichte grüngelbe Schleier kleiner Blüten.
Pflege: Rückschnitt nach der Blüte, altes Laub im Frühjahr entfernen.
Verwendung: Lässt sich als Bodendecker, Randbepflanzung, im Beet oder am Wasser verwenden.

Sumpf-Dotterblume

Caltha palustris

S 20–30 ✿ 4–5 ☼–◑

Heimische Sumpfstaude mit Frühjahrsblüte.
Wuchs: Breite Horste mit rundlich-nierenförmigen, glänzenden, dunkelgrünen Blättern.
Blüte: Leuchtend dottergelbe Schalenblüten an verzweigten Stielen über dem Laub.
Pflege: Rückschnitt nach der Blüte hält die Pflanzen robust und bewirkt Zweitblüte im Sommer.
Verwendung: Auf feuchten bis nassen Böden (bis 10 cm Wasserstand), an Bach- und Teichrändern.

Sorten: 'Multiplex', mit pomponartig gefüllten Blüten.
Hinweis: Alle Teile der Pflanze sind giftig!

Schachbrettblume

Fritillaria meleagris

Z ⇧ 20–30 ✿ 4–5 ◑

Selten gewordene heimische Sumpfwiesenpflanze.

Wuchs: Aus einer Zwiebel treibt ein einzelner, grasartig beblätterter Stängel. Bildet Brutzwiebeln.

Blüte: Becherförmig, hängend, braunviolett mit schachbrettartigem Muster, selten reinweiß.

Pflege: Ungestört wachsen lassen, ab und zu mit Kompost versorgen. Von Konkurrenz freihalten.

Verwendung: In Gruppen auf feuchten bis zeitweilig nassen Böden am Teichufer oder vor lichten Gehölzen.

Hinweis: Die Art steht bei uns unter Naturschutz.

Gauklerblume

Mimulus luteus

S/1 ⇧ 20–40 ✿ 6–9 ☼–◑

Fröhlich leuchtende Farbkleckse am Teich.

Wuchs: Sich durch Kriechtriebe langsam ausbreitende Horste, Stängel mit eiförmigen Blättern.

Blüte: Große Rachenblüten an den Triebenden, oft gefleckt, in Gelb-, Orange und Rottönen.

Pflege: Nicht austrocknen lassen. Durch höhere Nachbarn stützen. In rauen Lagen Winterschutz.

Verwendung: Gruppenweise auf feuchten Plätzen; schön zu Gräsern, Bartfaden, Taglilien.

Tipp: Kurzlebige Staude, versamt sich aber.

Sorten/Arten: *M.*-Hybriden 'Bees' Major', gelborange mit roten Flecken.

Pfennigkraut

Lysimachia nummularia

S ⇧ 5–10 ✿ 5–7 ☼–●

Robuster Bodendecker für feuchte Standorte.

Wuchs: Durch Kriechtriebe flache Teppiche bildend, Blätter rundlich, paarweise angeordnet.

Blüte: Schalenförmig, leuchtend gelb, in den Blattachseln sitzend.

Pflege: Benötigt keine besondere Pflege.

Verwendung: Als Flächendecker vom feuchten Gehölzrand bis zur Uferzone vielfältig verwendbar.

Chinaschilf

Miscanthus sinensis

G ⬆ 60–250 ✿ 8–10 ☼

Das wohl eindrucksvollste Gartengras.
Wuchs: Große, im Alter durch Ausläufer breite Horste mit schilfartigen, elegant übergeneigten Blättern. Schöne Herbstfärbung.
Blüte: Federartige Blütenrispen an den straffen Triebenden, je nach Sorte silbrig bis rötlich.
Pflege: Rückschnitt wegen der Winterzierde erst im Frühjahr. Bei Trockenheit wässern.
Verwendung: Als Solitär, Blattschmuck- oder Hintergrundpflanzung.

Sorten: 'Große Fontäne' (siehe Foto), kompakte Horste mit rosa-silbrigen Rispen, 180-250 cm; 'Malepartus', silbrig rot blühend, rotbraune Herbstfarbe, 70–200 cm; 'Silberfeder', silbrig-weiß blühend, goldgelbe Herbstfarbe, 160–200 cm.

Rohr-Pfeifengras

Molinia arundinacea

G ⬆ 120–240 ✿ 8–10 ☼–◑

Echtes Riesengras mit übergroßer Blütenfülle.
Wuchs: Aufrechte, lockere Horste mit überhängenden, breit linealischen Blättern.
Blüte: Stark verzweigte, sehr große Blütenrispen an straff aufrechten Stielen, schöne Herbstfärbung.
Pflege: Rückschnitt erst im Frühjahr.
Verwendung: Schön zu herbstfärbenden Gehölzen.

Sorten: 'Transparent', besonders feine Blütenrispen; 'Windspiel' (siehe Foto), Blütentriebe bis 240 cm, im Herbst goldgelb.

Morgenstern-Segge

Carex grayi

G ⇧ 40–70 ✿ 6–7 ☼–◑

Frischgrünes Gras mit interessanten Früchten.
Wuchs: Schlanke Horste mit schmalen, frischgrünen, überhängenden Blättern.
Blüte: Unscheinbar; nach der Blüte sehr zierende, stachelige, morgensternartige Früchte.
Pflege: Keine Pflege nötig, kommt mit fast jedem Boden zurecht, selbst an sumpfigen Plätzen.
Verwendung: Für naturnahe Pflanzungen am Wasserrand; schön für Trockensträuße.

LIEBLINGSFARBEN

Jeder Mensch hat seine Lieblingsfarben, mit denen er sich besonders wohl, verbunden und entspannt fühlt. Dieser persönlichen Vorliebe kann vieles zu Grunde liegen – zum Beispiel ein Bild oder eine Urlaubserinnerung. Wunderbar: Denn die reiche Welt der Gartenpflanzen bietet für jede Farbe eine entsprechende Auswahl. Auf den nächsten Seiten finden Sie zahlreiche Vorschläge für jeden Ton der Farbpalette – damit Ihr Garten am Ende in der gewünschten Farbstimmung erblüht.

Gelb, Orange, Rot – Farben der Sonne

Gelbe Blüten lassen ein Beet sonnig leuchten, orangefarbene und rote bringen eine Pflanzung optisch zum Glühen. Deshalb spricht man bei ihnen von Pflanzen in warmen Farben. Genau diese sonnige Fröhlichkeit, gepaart mit optischer Wärme, ist es, was diese Pflanzen so überaus beliebt macht. Auffallend viele Körbchenblüher finden sich darunter, Verwandte der Sonnenblume, deren gelbe Blütenköpfe – einfach oder gefüllt – in den sommerlichen Beeten die Sonne imitieren.

Warme Farben und ihre Begleiter

Dank ihrer gelben, orangefarben und roten Blüten lassen sich diese Pflanzen ganz einfach miteinander kombinieren: Da alle drei Töne aus derselben Farbfamilie stammen, harmonieren sie praktisch immer.

Die idealen Begleiter sind Gräser – sie fügen sich stets problemlos ein. Pflanzen mit gelbem Blattschmuck hingegen verstärken den sonnigen Effekt; soll Ihre Pflanzung besondere Ausdruckskraft besitzen, sollten Sie dunkellaubige Begleiter wählen.

Gelb- und Orangetöne, kombiniert mit etwas Rot für die nötigeTiefe, sorgen garantiert für sonnig-fröhliche Wirkung im Beet.

Sonnenauge

Heliopsis helianthoides

S ⬆ 80–150 ✿ 7–9 ☼

Ein Klassiker unter den gelben Beetstauden.
Wuchs: Große, breite Horste mit spitz eiförmigem dunkelgrünem Laub.
Blüte: Zahlreiche große, gelbe, je nach Sorte auch gefüllte Körbchenblüten.
Pflege: Verblühtes ausschneiden, um die Blütezeit zu verlängern; bei Bedarf etwas stützen.
Verwendung: Im Sommer- und Herbstbeet; zusammen mit Sonnenbraut, Goldrute und Gräsern.

Sorten: 'Burning Hearts' (siehe Foto), goldgelb mit rot-oranger Mitte, 120 cm; 'Goldgefieder', goldgelb, gefüllt, 130 cm; 'Hohlspiegel', goldgelb, halbgefüllt und großblütig, 130 cm.

Sonnenbraut

Helenium-Hybriden

S ⬆ 80–150 ✿ 6–9 ☼

Prächtige Sommerstaude in warmen Farben.
Wuchs: Große Horste mit lanzettlichen Blättern.
Blüte: Nach außen verbreitete Strahlenblüten in warmen Farben um eine kugelförmige Mitte.
Pflege: Bei Bedarf wässern; höhere Sorten stützen.
Verwendung: Im sonnigen Staudenbeet auf nicht zu trockenen Böden. Vielfältig kombinierbar.

Sorten: 'Dunkle Pracht', orange, 120 cm; 'Moerheim Beauty' (siehe Foto), kupferrot, 80 cm; 'Zimbelstern', goldgelb, 120 cm.

Indianernessel

Monarda-Hybriden

S ⬆ 80–120 ✿ 7–9 ☼

Duftender Sommerblüher in Leuchtfarben.
Wuchs: Straff aufrechte Horste aus zahlreichen Trieben mit breit lanzettlichem, duftendem Laub.
Blüte: Langröhrige, rote, duftende Lippenblüten in dichten Quirlen.
Pflege: Ausreichend wässern, um Mehltau-Befall vorzubeugen; scharfer Rückschnitt nach der Blüte.
Verwendung: Gruppenweise in der Staudenrabatte; schön zu Sonnenhut, Rittersporn, Gräsern.

Sorten: 'Cambridge Scarlet', scharlachrot; 'Gardenview Scarlet' (siehe Foto), leuchtend dunkelrot.

Goldrute

Solidago-Hybriden (Syn.: *S.* × *cultorum*)

S 60–80 7–9

Duftiger und pflegeleichter Spätsommerblüher.
Wuchs: Buschige Horste mit straff aufrechten Trieben und lanzettlichen Blättern.
Blüte: Sehr kleine gelbe Körbchenblüten in dichten, stark verzweigten Rispen an den Triebenden.
Pflege: Bei Trockenheit wässern; Verblühtes ausschneiden, um lästiges Versamen zu verhindern.
Verwendung: In Gruppen zusammen mit anderen Sommerblühern wie Sonnenhut sowie Gräsern.

Sorten: 'Goldkind' (siehe Foto), hellgelb, feinblütig; 'Ledsham', hellgelb; 'Strahlenkrone', goldgelb.

Gold-Garbe

Achillea filipendulina

S 70–120 6–9

Eine Palette warmer Farbtöne mit langer Blüte.
Wuchs: Aufrechte Horste mit straffen Stielen und fein gefiedertem, graugrünem Laub.
Blüte: Schirmförmige Teller aus Körbchenblüten in Gelbtönen, Hybriden auch rot und orange.
Pflege: Verblühtes ausschneiden; mäßig düngen.
Verwendung: Wunderbare Rabattenstaude, die sich vielseitig kombinieren lässt.

Sorten/Arten: 'Parker's Variety', leuchtend gelbe, kompakte Dolden, 120 cm; *A.*-Hybriden: 'Feuerland' (siehe Foto), leuchtend rot und gelbe Mitte; 'Terracotta', orangebraun, beide 80 cm.

Himalaja-Wolfsmilch

Euphorbia griffithii

S 50–80 5–6

Exotischer Farbklecks als Blickfang im Beet.
Wuchs: Breite Horste mit straff aufrechten Trieben und lanzettlichen Blättern, bildet Ausläufer.
Blüte: Winzig, mit orangeroten Hochblättern, in kleinen Dolden an den Stängelenden.
Pflege: In rauen Lagen Winterschutz geben.
Verwendung: In Rabatten, am Gehölzrand, mit Gräsern, gelb oder blau blühenden Partnern.
Hinweis: Die Pflanze und ihr Milchsaft sind giftig.

Sorten: 'Dixter' (siehe Foto), leuchtend orangerot; 'Fireglow', beide mit rötlichen Stielen und gelb-roter Herbstfärbung.

Kokardenblume

Gaillardia-Hybriden

S | 30–70 | ✿ 7–9 | ☼

Knallbunter sommerlicher Dauerblüher.
Wuchs: Buschige Horste mit aufrechten Trieben und breit lanzettlichen, weichhaarigen Blättern.
Blüte: Große Körbchenblüten, innen Rot, außen Gelb oder ganz in Rot.
Pflege: Scharfer Rückschnitt nach der Blüte, sonst kurzlebig.
Verwendung: Eingestreut ins Staudenbeet zu gelben und roten Blütenfarben. Gute Schnittblume.

Sorten: 'Burgunder' (siehe Foto), weinrot; 'Kobold', gelb-rot, 30 cm.

Nadelblättriges Mädchenauge

Coreopsis verticillata

S | 30–60 | ✿ 6–9 | ☼

Dauerhafter Blütenflor in warmen Gelbtönen.
Wuchs: Breitbuschige Horste mit aufstrebenden Trieben und nadelförmigen Blättern.
Blüte: Große gelbe Sternblüten an den Triebenden.
Pflege: Benötigt kaum Pflege. Bei anhaltender Trockenheit wässern.
Verwendung: Lässt sich in Staudenrabatten vielseitig mit anderen Gelb-Blühern kombinieren.

Sorten: 'Full Moon' (auch als *C.*-Hybride im Handel, (siehe Foto), hellgelb, großblütig, 50 cm; 'Grandiflora', goldgelb, 60 cm; 'Moonbeam', schwefelgelb, 40 cm.

Montbretie

Crocosmia × crocosmiiflora

S | 60–100 | ✿ 7–9 | ☼

Exotische Blütenzierde in tropischen Leuchtfarben.
Wuchs: Zwiebelförmige Knollen, die dichte Horste aus schlanken, schwertförmigen Blättern bilden.
Blüte: Trichterförmig, orange, rot oder gelb, in verzweigten, gebogenen Ähren über dem Laub.
Pflege: Durchlässige, eher trockene Böden wählen, feuchte Plätze meiden. In rauen Lagen Winterschutz.
Verwendung: Gruppenweise im Staudenbeet; schön zu gelben Farben und Gräsern.

Sorten: 'Lucifer' (siehe Foto), bewährte Sorte mit leuchtend scharlachroten Blüten.

Sonnenhut

Rudbeckia fulgida

S 50–100 ✿ 7–9 ☼

Markanter Dauerblüher aus Amerikas Prärien.
Wuchs: Straff aufrecht mit breit lanzettlichen Blättern, bildet breite Horste.
Blüte: Gelborange Strahlenblüten um eine schwarzbraune, kugelige Mitte.
Pflege: Bei Trockenheit gießen. Verblühte Triebe zurückschneiden, um die Blüte zu verlängern.
Verwendung: In Gruppen. Gut mit Gräsern und vielen anderen Stauden zu kombinieren.

Sorten: 'Goldsturm', 50-80 cm; *R.* var. *deamii* (siehe Foto), 80-100 cm, beide sonst recht ähnlich.

Rotstielige Nachtkerze

Oenothera fruticosa (Syn.: *O. tetragona*)

S 40–70 ✿ 6–9 ◑

Sommerlicher Langzeitblüher fürs Beet.
Wuchs: Buschige Horste aus aufrechten Trieben mit lanzettlichen Blättern; rote Herbstfarbe.
Blüte: Große, leuchtend gelbe, duftende Schalenblüten aus roten Knospen in dichten Trauben; kurzlebig, aber ständig nachblühend.
Pflege: Mäßig düngen, Verblühtes entfernen.
Verwendung: Schön mit Salbei, Langblättrigem Ehrenpreis, Monarden und Gräsern.

Sorten: 'Sonnenwende' (siehe Foto), goldgelb, 60 cm.

Taglilie

Hemerocallis-Hybriden

S 50–100 ✿ 6–9 ☼–◑

Exotischer Blütenschmuck in warmen Farben.
Wuchs: Breite Horste mit grasförmigen Blättern.
Blüte: Trichterförmig, in Gelb-, Orange- und Rottönen, auch zweifarbig. Die Einzelblüte hält nur einen Tag, doch treiben laufend neue Knospen.
Pflege: Stiele nach der Blüte ausschneiden.
Verwendung: Auf nicht zu trockenen Böden; schön zu Storchschnabel, Wiesen-Iris, Gräsern.

Sorten: Großes Spektrum an Miniatur-, Klein- und Großblütigen Sorten, z. B. 'Crimson Pirate' (siehe Foto), tiefrot mit gelboranger Mitte.

Gold-Wolfsmilch

Euphorbia epithymoides (Syn.: *E. polychroma*)

S 30–50 4–5 ☼-◑

Farbkräftig im Frühling und im Herbst.
Wuchs: Rundliche Horste, Triebe mit weichen eiförmigen Blättern, schöne Herbstfarbe.
Blüte: Winzig, mit leuchtend grüngelben Hochblättern, in dichten Schöpfen an den Triebenden.
Pflege: Benötigt keine besondere Pflege. Bei Verkahlen
Rückschnitt nach der Blüte.
Verwendung: Im Frühlingsbeet, im Steingarten, am Gehölzrand; schön zu Blumenzwiebeln.

Hinweis: Die Pflanze und ihr Milchsaft sind giftig.

Goldmohn

Eschscholzia californica

⊙ 30–40 6–9 ☼

Anspruchsloser, goldiger Lückenfüller.
Wuchs: Locker verzweigt mit fein gefiedertem, graugrünem Laub.
Blüte: Schalenförmige kleine Mohnblüten in warmen Gelb- und Orangetönen, auch gefüllt.
Pflege: Aussaat ins Freie ab Ende März. Keine besondere Pflege nötig; nicht verpflanzen.
Verwendung: Am Beetrand oder eingestreut in Rabatten; bleibt durch Selbstaussaat erhalten.

Sorten: Auch andere Farbtöne wie Weiß oder Sorten mit gestreiften Blüten erhältlich.

Zinnie

Zinnia elegans

⊙ 30–90 6–10 ☼

Dankbare Blüher in warmen Farben.
Wuchs: Buschig mit straff aufrechten Trieben und breit lanzettlichen Blättern.
Blüte: Einfache bis pomponartig gefüllte Körbchenblüten in Gelb, Orange und Rot.
Pflege: Aussaat ins Freie ab Mai. Reichlich wässern und düngen, Verblühtes ausschneiden.
Verwendung: Gruppenweise in Rabatten oder als Einfassung im Beet, sehr gute Schnittblumen!

Sorten: Großes Sortiment in vielen Farben, Höhen, Blütenfüllungen und -größen.

Rosa und Lila – Romantik pur

Feminine Töne kommen mit rosa- und lilafarbenen Blüten ins Beet. Tragen dann noch rundliche Blütenformen wie Türken-Mohn oder Pfingstrosen diese weichen Farben, kommen Romantiker vollends ins Schwärmen.

Auf den folgenden Seiten finden Sie die beste Auswahl der schönsten Arten.

Trotzdem ist es völlig unmöglich, das gesamte Spektrum zu präsentieren, da es bei kaum einer anderen Blütenfarbe so viele Zuchtsorten gibt. So ist die Rose 'Angela' hier nur stellvertretend für viele weitere rosa Strauch- oder Beetrosen zu sehen. Gerade Rosen stellen wichtige Elemente einer romantischen Pflanzung dar – ins Beet integriert oder als Solitär.

Passende Begleiter

Als Begleitpflanzen zu rosa bis lila Tönen bieten sich dunkellaubige Blattschmuckpflanzen besonders gut an. Sie schaffen einen gleichmäßig dunklen und zugleich tiefen Hintergrund, vor dem sich die zarten Töne wunderbar abheben.

Ob Rosa- oder Lilatöne oder beide gemeinsam – sie sorgen für angenehm weiches, anmutiges Flair im Garten.

Strauchrose 'Angela'

Rosa-Hybride

Str | 80–100 | ✿ 6–9 | ☼

Kompakte, reich blühende, gesunde Strauchrose.

Wuchs: Breitbuschiger, reich verzweigter Strauch.

Blüte: Mittelgroß, kugelig, kräftig rosa, halbgefüllt, in dichten Büscheln, mit wenig Duft.

Pflege: Ausreichend wässern und düngen, bei Bedarf auslichten, Verblühtes entfernen.

Verwendung: Einzeln im Beet oder in Gruppen heckenartig am Zaun; vielseitig kombinierbar.

Sorten: 'Angela' ist nur ein bewährtes Beispiel, daneben eignen sich noch zahlreiche weitere rosa Sorten aus dem großen Sortiment der Beet-, Bodendecker- und Strauchrosen.

Rittersporn

Delphinium-Hybriden

S | 70–180 | ✿ 6–8/9 | ☼

Ungewöhnliche Wirkung: Rosa Rittersporn.

Wuchs: Straff aufrechte Horste, Blätter handförmig zerteilt.

Blüte: Je nach Sorte lockere bis sehr dichte Kerzen aus gespornten Blüten in Rosa.

Pflege: Austrieb vor Schneckenfraß schützen. Hohe Sorten stützen. Nach der Blüte bis auf 10 cm zurückschneiden, dann gibt es eine zweite Blüte.

Verwendung: Einzeln oder in kleinen Gruppen, auf Beeten und Rabatten. Wunderbar zu Rosen.

Sorten: Pacific- und New Millenium-Sorten wie Magic Fountains 'Lilac Pink White Bee', lila mit weißem Auge, oder 'Dusky'; *D.* × *ruysii* 'Pink Sensation' (siehe Foto), leuchtend rosa; New Millenium 'Dusky Maidens', rosa mit dunklem Auge.

Kosmee, Schmuckkörbchen

Cosmos bipinnatus

☉ | 60–120 | ✿ 7–10 | ☼

Klassiker unter den Dauerblühern fürs rosa Beet.

Wuchs: Aufrechte, steife, oberwärts verzweigte Stängel mit nadelfein zerteiltem Laub.

Blüte: Große Schalenblüten in Rosa oder Pink mit gelber Mitte, auch mit eingerollten Randblüten.

Pflege: Aussaat ins Freie ab Ende April. Verblühtes laufend aussschneiden; bei Bedarf stäben.

Verwendung: In Gruppen, zu vielen Stauden und Sommerblumen oder Rosen kombinierbar.

Stauden-Phlox

Phlox-Paniculata-Hybriden

S 70–130 6–8

Duft und üppige Blüte fürs Sommerbeet.
Wuchs: Dichte Horste mit straffen Trieben und gegenüberstehende, spitzeiförmige Blätter.
Blüte: Tellerförmig in kuppelförmigen Trauben, in Rosa oder Violett, oft mit Auge, stark duftend.
Pflege: Ausreichend wässern und düngen, bei Bedarf stützen, nach der Blüte zurückschneiden.
Verwendung: Gruppenweise im Beet, mit anderen Stauden, Gräsern oder als große Phlox-Gruppe.

Sorten: 'Düsterlohe' (siehe Foto), dunkelviolett; 'Landhochzeit', hellrosa mit rotem Auge; 'Württembergia', karminrosa.

Herbst-Anemone

Anemone-Japonica-Hybriden

S 40–120 8–10

Anmutiger, langlebiger Herbstblüher.
Wuchs: Breitbuschig, mit verzweigten Trieben und großen, dreilappigen Blättern.
Blüte: Große, duftige Schalen in Rosa oder Weiß.
Pflege: Bei Trockenheit kräftig wässern.
Verwendung: Am Gehölzrand oder in halbschattigen Rabatten. Gut zu kombinieren.
Tipp: Nichts für leicht austrocknende Böden.

Sorten: 'Königin Charlotte' (siehe Foto), rosa, halbgefüllt; 'Rosenschale', rosa mit dunklem Rand; 'Rotkäppchen', rosa, gefüllt.

Indianernessel

Monarda-Hybriden

S 80–120 7–9

Aromatisch duftender Schmetterlingsmagnet.
Wuchs: Straff aufrechte Horste aus zahlreichen Trieben mit breit lanzettlichem, duftendem Laub.
Blüte: Langröhrige, rosa bis lilafarbene, duftende Lippenblüten in dichten Quirlen.
Pflege: Ausreichend wässern, um Mehltau-Befall vorzubeugen; scharfer Rückschnitt nach der Blüte.
Verwendung: Gruppenweise in der Staudenrabatte; schön zu weißen Blütenfarben und Gräsern.

Spinnenblume

Cleome hassleriana (Syn.: *C. spinosa*)

☉ 80–120 ✿ 7–10 ☼

Bizarrer Blütenschmuck, der für Aufsehen sorgt.

Wuchs: Aufrechte, locker verzweigte Triebe, teils bedornt, mit handförmig gefiederten Blättern.

Blüte: Rosa bis violette, stark zerteilte Blüten mit lang herausragenden Staubfäden.

Pflege: Bei eigener Anzucht Vorkultur ab März; feuchte Plätze meiden.

Verwendung: In kleinen Gruppen in der Staudenrabatte.

Edel-Pfingstrose

Paeonia-Lactiflora-Hybriden

S 60–100 ✿ 5–6 ☼

Charaktervolle Blüten in barocker Pracht.

Wuchs: Breite Horste mit teils standschwachen Trieben und dunkelgrünen, gefiederten Blättern.

Blüte: Sehr groß, rundlich, einfach bis dicht gefüllt, in Weiß-, Rosa- und Rottönen, oft mit Duft.

Pflege: Nur flach pflanzen. Im Frühjahr düngen, bei Bedarf stützen, Verblühtes entfernen.

Verwendung: Einzeln in der Rabatte oder als Blickfang; schön zusammen mit Storchschnabel, Salbei, Taglilien und Gräsern.

Sorten: Breites Sortiment, darunter 'Neon' (eine der „Asiatischen Pfingstrosen', siehe Foto), leuchtend karminrosa mit gelb gerandeten „Petaloiden" in der Mitte; 'Sarah Bernhardt', Klassiker, kräftig rosa, dicht gefüllt, duftend.

Purpursonnenhut

Echinacea purpurea

S 60–100 ✿ 7–9 ☼

Sommerlicher Schmetterlingsmagnet.

Wuchs: Aufrechte Horste mit rauen, spitz-eiförmigen Blättern.

Blüte: Groß, einzeln, mit erhabener, orangebrauner Mitte und breiten Strahlen.

Pflege: Kurzlebig, daher regelmäßig nachpflanzen.

Verwendung: In Gruppen auf nicht zu schweren Böden in der Staudenrabatte.

Sorten: 'Kim's Knee High', purpurrosa, nur 60 cm; 'Magnus' (siehe Foto), karminrot.

Bechermalve, Buschmalve

Malva (Syn.: *Lavatera*) *trimestris*

☉ 50–100 ✿ 7–10 ☼

Bringt den Charme der Bauerngärten ins Beet.
Wuchs: Breite Büsche mit aufrechten Trieben und behaarten, herzförmigen Blättern.
Blüte: Groß, becherförmig, rosa oder karminrot, meist dunkler geadert.
Pflege: Aussaat ins Freiland ab April. Feuchte oder staunasse Böden meiden.
Verwendung: Im Stauden- oder Sommerblumenbeet; z. B. mit Kosmee, Duftwicke, Spinnenblume.

Sommeraster

Callistephus chinensis

☉ 20–100 ✿ 7–9 ☼–◑

Warme Sommerfarben und lange Blühdauer.
Wuchs: Breite Büsche aus straffen Stielen mit grob eingeschnittenen Blättern.
Blüte: Je nach Sorte einfach, margeritenähnlich bis dicht gefüllt und asternartig, rosa, rot, violett.
Pflege: Aussaat ins Freie im Mai. Ausreichend wässern und düngen, Verblühtes ausschneiden.
Verwendung: Gruppenweise in bunten Rabatten mit Bauerngartenflair; sehr gute Schnittblume.

Sorten: Breites Sortiment mit sehr unterschiedlicher Höhe, Blütengröße und -füllung; meist als Farbmischung.

Türkischer Mohn

Papaver orientale

S 50–100 ✿ 5–6 ☼

Seidige Blüten in herrlich zarten Farben.
Wuchs: Locker horstig, Blätter graugrün, länglich, fiederartig eingeschnitten, behaart.
Blüte: Sehr große Schalen in Rosatönen, in der Mitte oft schwarz gefleckt.
Pflege: Regelmäßig düngen und nach der Blüte scharf zurückschneiden.
Verwendung: In die Beetmitte oder im Hintergrund pflanzen, damit die Lücke nach dem Rückschnitt bzw. dem Einziehen verdeckt wird.

Sorten: Viele Sorten, etwa 'Kleine Tänzerin', lachsrosa, kleinblütig; 'Marlene' (siehe Foto), zartrosa bis purpurfarben, innen schwarz gefleckt, großblütig.

Prachtscharte

Liatris spicata

S ⇧ 40–90 ✿ 7–8 ☼

Exot aus den Prärien Nordamerikas.
Wuchs: Horste mit grasartigen Blattschöpfen.
Blüte: Kleine violette Körbchenblüten in dichten Ähren, die von unten nach oben aufblühen.
Pflege: Vor Stau- und Winternässe schützen.
Verwendung: In Gruppen auf sonnigen Beeten, zusammen mit Monarden, Ligularien, Gräsern. Gute Schnittblume.

Sorten: 'Floristan Violett', 80 cm; Kobold' (siehe Foto), nur 40 cm; beide violett.

Tränendes Herz

Lamprocapnos (Syn.: *Dicentra*) *spectabilis*

S ⇧ 60–80 ✿ 5–6 ◑

Verbreitet Anmut und romantisches Flair.
Wuchs: Breite Horste mit bogigen Trieben und graugrünen, gefiederten Blättern.
Blüte: Hängend, herzförmig, rosa mit weißer »Träne«.
Pflege: Braucht auf ausreichend feuchten Böden kaum Pflege. Möglichst nicht verpflanzen.
Verwendung: Einzeln und so pflanzen, dass die Lücke nach dem frühen Einziehen der Blätter verdeckt wird.

Federnelke

Dianthus-Plumarius-Hybriden

S ⇧ 10–40 ✿ 5–7 ☼

Hübsche Polster-Nelke mit üppiger Blüte.
Wuchs: Dichte flache Polster mit schmalen, graugrünen, wintergrünen Blättern.
Blüte: Rosa oder rot, auch gefüllt, tellerförmig mit gefransten Blütenblättern, stark duftend.
Pflege: Nur mäßig düngen, Verblühtes abschneiden.
Verwendung: In Gruppen als Beet- und Wegeinfassung, auf Mauerkronen, im Steingarten.

Blau und Violett – die Weite des Himmels

Unendliche Weite und erfrischende Kühle – das ist es, was die Farbe Blau ausmacht. Mit ihr assoziiert man den Himmel und das Meer, die Sehnsucht nach Unbegrenztheit und Freiheit. Kein Wunder also, dass gerade Blau zu den begehrtesten Blütenfarben im Garten zählt. Zugleich ist es in reiner Form aber auch am seltensten. Im Farbkreis liegen Blau und Violett direkt nebeneinander, sodass diese beiden Farben stets gut miteinander harmonieren.

Wirkung erzielen

Mit blauen Blüten gewinnt ein Beet an Tiefe, vor allem dann, wenn man Blau oder Violett mit kontrastierendem Gelb oder Orange kombiniert. Besonders edel dagegen wirkt ein blaues Beet, wenn darin auch weiße Blüten stehen – idealerweise als weiße Sorte der blau blühenden Art. Eine Pflanzung in Blau an der Grundstücksgrenze weitet außerdem den Garten, lässt ihn größer erscheinen – ein Kunstgriff, der bei Gestaltung kleiner Gärten besonders gerne verwendet wird.

Blau und Violett wirkt sehr konkret und gut fassbar, durch diese Farben entsteht Weite und Tiefe in einer Pflanzung.

Garten-Eibisch

Hibiscus syriacus

Str 1–2 m 7–9 ☼–◑

Schmuckstrauch mit ungewöhnlich großen Blüten.
Wuchs: Straff aufrechter, langsam wachsender Strauch mit dreilappigen elliptischen Blättern.
Blüte: Große, blauviolette, malvenartige Schalenblüten.
Pflege: Jungen Pflanzen etwas Laubschutz geben. Rückschnitt im Frühjahr fördert den Blütenansatz.
Verwendung: Pflegeleichter Blütenstrauch für Vorgärten und kleinere Gartenbereiche.

Sorten: 'Blue Bird', blauviolett mit purpurroter Mitte; 'Marina' (siehe Foto), ähnlich, Farbe noch intensiver.

Säckelblume

Ceanothus-Hybriden

Str 60–150 7–10 ☼

Etwas empfindlich, doch überreich blühend.
Wuchs: Locker und etwas sparrig verzweigter, aufrechter Strauch mit kleinen, lanzettlichen Blättern.
Blüte: Himmelblau bis blauviolett, sehr klein, in reichblütigen, rundlichen Rispen.
Pflege: Rückschnitt im Frühjahr fördert die Blütenfülle. In rauen Lagen Winterschutz geben.
Verwendung: Wegen der nicht ganz zuverlässigen Frosthärte ideal etwa vor einer Mauer.

Sorten/Arten: 'Concha' (siehe Foto), tiefblau, *C. × delilianus*; 'Gloire de Versailles', blauviolett; 'Topaze', himmelblau.

Bartblume

Caryopteris × clandonensis

HStr 60–100 8–10 ☼

Spätsommerblüher mit schönen Blautönen.
Wuchs: Buschig, reich verzweigt, mit am Grund verholzenden Trieben und lanzettlichem Laub.
Blüte: Klein, trichterförmig, dunkelblau, in etagenförmigen Quirlen im oberen Bereich der Triebe.
Pflege: Scharfer Rückschnitt im Frühjahr fördert den Blütenansatz ; in rauen Lagen Winterschutz.
Verwendung: Einzeln auf warmen, etwas geschützten Plätzen; schön zu Salbei oder Lavendel.

Sorten: 'Heavenly Blue' (siehe Foto), himmelblau, reich verzweigt; 'Kew Blue', tiefblau.

Riesen-Ehrenpreis

Veronicastrum virginicum

S ⬆ 120–180 ✿ 7–9 ☼

Üppig im Wuchs und elegant in der Blüte.
Wuchs: Große Horste aus bogig aufsteigenden Trieben mit quirlständigem, lanzettlichem Laub.
Blüte: Klein, sternförmig, in kandelaberartigen Ähren, blau oder violett.
Pflege: Regelmäßig wässern; bei Bedarf stützen.
Verwendung: Auf eher feuchten Böden; auch am Teichrand; schön zu Herbst-Astern, Mädesüß, Taglilien sowie hohen Gräsern.

Rittersporn

Delphinium-Hybriden

S ⬆ 70–180 ✿ 6–8/9 ☼

Das faszinierende Blau wertet jede Rabatte auf.
Wuchs: Straffe Horste, Blätter handförmig zerteilt.
Blüte: Je nach Sorte lockere bis sehr dichte Kerzen aus gespornten Blüten in Blautönen.
Pflege: Austrieb vor Schneckenfraß schützen. Hohe Sorten stützen. Nach der Blüte Triebe bis auf 10 cm zurückschneiden, dann folgt zweite Blühphase.
Verwendung: Wunderbar zu Rosen, aber auch zu vielen anderen Beetstauden und Gräsern.

Sorten: Klassiker sind: 'Lanzenträger', enzianblau mit weißem Auge, 180 cm; 'Piccolo', ähnlich, aber lockerblütig, standfest, 100 cm; neuer sind Pacific-Sorten wie Magic Fountains 'Sky Blue White Bee' (siehe Foto), himmelblau mit weißem Auge, 80 cm.

Glattblatt-Aster

Aster (Syn.: *Symphotrichum*)

S ⬆ 80–40 ✿ 9–10 ☼

Prächtig blühende Herbst-Aster.
Wuchs: Große Horste aus aufrechten Trieben mit glatten, lanzettlichen Blättern; kurze Ausläufer.
Blüte: Körbchenblüten in dichten, kuppelförmigen Rispen in Blau- und Violetttönen.
Pflege: Bei Trockenheit gründlich wässern, um Mehltau vorzubeugen; bei Bedarf stäben.
Verwendung: Wichtiger Partner für das Herbstbeet, zu anderen Astern und Gräsern.

Sorten: 'Dauerblau' (siehe Foto), dunkelblau, 120 cm.
Hinweis: Wird auch unter *Symphotrichum novi-belgii* geführt.

Schleier-Eisenkraut

Verbena bonariensis

☉ | 80–120 | ✿ 7–10 | ☼

Das duftige Violett bleibt dezent, aber sichtbar.
Wuchs: Straff aufrechte Horste mit sparrig verzweigten Trieben.
Blüte: Klein, violett, sehr zahlreich, in dichten Dolden an den Triebspitzen.
Pflege: Eigene Aussaat gelingt nicht zuverlässig. Staunässe meiden.
Verwendung: Gruppenweise zusammen mit niedrigeren Pflanzen, die sie überspielen können.

Riesen-Glockenblume

Campanula lactiflora

S | 80–120 | ✿ 6–8 | ☼–◑

Üppige Blütenfülle im Halbschatten.
Wuchs: Große Horste mit leicht übergeneigten Trieben, eiförmige Blätter.
Blüte: Unzählige breitglockige Sternblüten in dichten Rispen, in zarten Violetttönen.
Pflege: Ausreichend wässern und düngen, bei Bedarf stützen.
Verwendung: Sehr schön in halbschattigen Rabatten, auch zusammen mit Strauchrosen.

Sorten: 'Loddon Anna', lilarosa; 'Prichard's Variety' (siehe Foto), violett.

Langblättriger Ehrenpreis

Veronica longifolia

S | 50–100 | ✿ 7–8 | ☼

Leuchtend blaue, markante Farbträger im Beet.
Wuchs: Aufrechte Horste mit hohen, verzweigten Trieben und schmalen, lanzettlichen Blättern.
Blüte: Klein, schalenförmig, in dichten langen Ähren an den Triebenden; blauviolett oder blau.
Pflege: Bei Trockenheit wässern, gelegentlich düngen. Verblühtes ausschneiden.
Verwendung: In kleinen Gruppen; sehr vielfältig kombinierbar; schön zu runden Blüten sowie zu Rosen und Gräsern.

Blauer Scheinmohn

Meconopsis betonicifolia

S 60–90 ✿ 6–7 ◑

Ein Traum in Blau – leider etwas heikel.
Wuchs: Grundständige Rosette aus länglich-eiförmigen, behaarten, hellgrünen Blättern, aus deren Mitte die straffen Blütentriebe entspringen.
Blüte: Groß, mohnartig, himmelblau.
Pflege: Vor Austrocknung schützen und regelmäßig mit Kompost versorgen.
Verwendung: Kühl-luftfeuchte Plätze auf sauren (kalkarmen), feuchten, aber durchlässigen Böden. In Gruppen zu Rhododendren und Farnen.
Tipp: Den richtigen Standort zu finden, ist schwierig. Passt er nicht optimal, stirbt die Pflanze nach der Blüte – doch oft erfolgt Selbstaussaat.

Gewöhnliche Akelei

Aquilegia vulgaris

S 40–80 ✿ 5–6 ◑

Anmutig und ideal zum Verwildern.
Wuchs: Aufrecht, in lockeren Horsten mit 3-teiligen, blaugrünen Blättern; zieht früh ein.
Blüte: Violett, nickend, mit auffälligem Sporn.
Pflege: Kurzlebig, daher einige Blütentriebe nach dem Abblühen zur Selbstaussaat stehen lassen.
Verwendung: In kleinen Gruppen; am Gehölzrand oder im Beet – jedoch nicht im Vordergrund, da nach dem Einziehen Lücken bleiben.

Pracht-Storchschnabel

Geranium × magnificum

S 40–60 ✿ 6–7 ☼–◑

Üppiger Blüher für leuchtende Farbakzente.
Wuchs: Kräftige Horste, große, handförmige Blätter.
Blüte: Große, leuchtend blauviolette Schalen in üppiger Fülle.
Pflege: Kräftiger Rückschnitt nach der Blüte, um die Horste kompakt zu halten.
Verwendung: Am Gehölzrand oder im Beet, passt wunderbar zu anderen kräftigen Blütenfarben.

Sommer-Salbei

Salvia nemorosa

S 40–70 ✿5–7/9 ☼

Vielseitiger blauvioletter Farbträger im Beet.
Wuchs: Aufrechte Horste mit eiförmigen, mattgrünen Blättern.
Blüte: Blaue oder violette Lippenblüten in dichten Kerzen an den Triebenden.
Pflege: Scharfer Rückschnitt nach der Blüte sowie leichte Düngung regen die Zweitblüte an.
Verwendung: Guter Begleiter zu Rosen und vielen Beetstauden.

Sorten: 'Amethyst', amethystviolett; 'Blauhügel', mittelblau; 'Caradonna' (siehe Foto), dunkelviolett; 'Ostfriesland' (siehe Foto), violettblau.

Kissen-Aster

Aster-Dumosus-Hybriden

S 20–40 ✿ 9–10 ☼

Niedrige, äußerst üppig blühende Herbst-Aster.
Wuchs: Dichte, kissenförmige Horste, durch Ausläufer teppichbildend.
Blüte: Dichter Mantel aus Körbchenblüten in Rosa, Rot-, Blau- und Violetttönen sowie Weiß.
Pflege: Bei Trockenheit gründlich wässern, um Mehltau vorzubeugen; ausreichend düngen.
Verwendung: Schön zu höheren Herbst- und Wild-Astern sowie Gräsern.

Sorten: 'Mittelmeer' (siehe Foto), kräftig hellviolett; 'Rosenwichtel', lilarosa.
Hinweis: Wird auch unter *Symphotrichum*-Dumosum-Hybriden geführt.

Blauer Phlox, Wald-Phlox

Phlox divaricata

S 25–40 ✿4–5 ☼–◑

Hübscher Frühlingsphlox in klarem Blauviolett.
Wuchs: Niedrige breite Büsche mit verzweigten Trieben und breit lanzettlichen Blättern.
Blüte: Sternförmig, himmelbau bis blauviolett, in überreichen Büscheln über dem Laub; duftend.
Pflege: Bei Trockenheit im Frühjahr wässern; Rückschnitt nach der Blüte hält die Pflanzen kompakt.
Verwendung: In Gruppen unter Gehölzen, im Steingarten oder im halbschattigen Beet, etwa zusammen mit Akelei und Storchschnabel-Arten.

Weiß und Creme – edle Zurückhaltung

Duftig, leicht und überaus edel – so erscheinen uns weiße Blüten. Dass ein ganzes Beet voller weiß blühender Pflanzen ein besonders eindruckvoller Blickfang ist, bewies schon Vita Sackville-West mit ihrem beeindruckenden, vielfach kopierten Weißen Garten von Sissinghurst. Er zählt heute noch zu den meistbesuchten Gärten Englands.

Wirkung erzielen

Die Kunst bei der Anlage eines solchen Beetes besteht darin, für genügend Abwechslung bei den Blüten- und Wuchsformen zu sorgen. Große einzelne Schalen wie die von ungefüllten Rosen oder von Herbst-Anemonen sollten mit kleinen zarten Rispen wie von Meerkohl oder Schleierkraut wechseln. Aufstrebende Lanzen wie die des Rittersporns wirken umso schöner, wenn man sie mit rundlichen Horsten wie von der Feinstrahlaster kombiniert. Setzen Sie dann noch silber- oder graulaubigen Blattschmuck wie Woll-Ziest oder Hornkraut als Begleitung und Einrahmung davor und daneben, ist die Wirkung geradezu perfekt.

Soll ein Gartenbereich edel, frisch und rein wirken, so sind Blüten in Weiß- und Cremetönen das Mittel der Wahl.

Beetrose 'Schneeflocke'

Rosa-Hybride

S 40–60 6–11

Unermüdlicher Dauerblüher in strahlendem Weiß.
Wuchs: Aufrechter buschiger Strauch mit leicht überhängenden Trieben und glänzendem Laub.
Blüte: Edelrosenartig, schneeweiß, halbgefüllt, öfterblühend, in dichten Büscheln, mit leichtem Duft.
Pflege: Ausreichend wässern und düngen; bei Bedarf auslichten. Verblühtes ausschneiden.
Verwendung: Einzeln im Beet oder als Blickfang, heckenartig am Zaun; schön auch als Hochstamm.

Sorten: Neben 'Schneeflocke' eignen sich noch zahlreiche Sorten aus der großen Palette der Beet- und Strauchrosen.

Rittersporn

Delphinium-Hybriden

S 70–160 6–10

Edle weiße Blütenlanze im Beet.
Wuchs: Straff aufrechte Horste, Blätter handförmig zerteilt.
Blüte: Je nach Sorte lockere bis sehr dichte Kerzen aus gespornten Blüten in Weiß, oft gefüllt.
Pflege: Austrieb vor Schneckenfraß schützen. Hohe Sorten stützen. Nach der Blüte bis auf 10 cm zurückschneiden, dann zweite Blüte.
Verwendung: Einzeln oder in kleinen Gruppen, auf Beeten und Rabatten, herrlich zu roten Rosen.

Sorten: Pacific-Hybriden wie 'Galahad', weiß, groß- und dichtblütig, kurzlebig, weniger standfest, 160 cm; 'Magic Fountains Pure White' (siehe Foto), halbgefüllt, halbgefüllt, standfest, 80–100 cm.

Meerkohl

Crambe cordifolia

S 150–180 6–7

Ein echtes »Riesenschleierkraut«!
Wuchs: Horste aus großen, graugrünen, herzförmigen Blättern mit straff aufrechtem Stängel.
Blüte: Sehr klein, duftend, in riesigem, schleierförmigem Blütenstand.
Pflege: Nach dem Verblühen abschneiden.
Verwendung: Schön zu Rosen oder als Solitär.

Kosmee, Schmuckkörbchen

Cosmos bipinnatus

⊙ 60–120 ✿ 7–10 ☼

Blüten in klarem Weiß den ganzen Sommer lang.

Wuchs: Aufrechte, steife, oberwärts verzweigte Stängel mit nadelfein zerteiltem Laub.

Blüte: Große weiße Schalenblüten, gelbe Mitte.

Pflege: Aussaat ins Freie ab Ende April. Verblühtes laufend aussschneiden; bei Bedarf stäben.

Verwendung: In Gruppen, zu vielen Stauden und Sommerblumen kombinierbar, auch zu Rosen.

Sorten: 'Sonata Weiß' (siehe Foto), niedrig, standfest, bewährt, nur 60 cm.

Herbst-Anemone

Anemone-Japonica-Hybriden

S 70–120 ✿ 8–10 ◑

Anmutiger, langlebiger Herbstblüher.

Wuchs: Breitbuschig, mit verzweigten Trieben und großen, dreilappigen Blättern.

Blüte: Große, duftige Schalen in Rosa oder Weiß.

Pflege: Bei Trockenheit kräftig wässern. Braucht im ersten Jahr etwas Winterschutz.

Verwendung: Am Gehölzrand oder in halbschattigen Rabatten. Gut zu kombinieren.

Sorten: 'Honorine Jobert' (siehe Foto), weiß, großblütig, bewährt.

Stauden-Phlox

Phlox-Paniculata-Hybriden

S 50–120 ✿ 6–9 ☼-◑

Prächtige Duftstaude für eine weiße Rabatte.

Wuchs: Dichte Horste mit straffen Trieben, gegenüberstehende, spitz-eiförmige Blätter.

Blüte: Tellerförmig, weiß, oft mit rosa oder rotem Auge, in dichten Trauben mit starkem Duft.

Pflege: Ausreichend wässern und düngen, bei Bedarf stützen, nach der Blüte zurückschneiden.

Verwendung: Gruppenweise im Beet; schön zu Rittersporn, Garten-Margerite, Rosen, Gräsern.

Sorten: 'Kirmesländler', weiß mit rosa Auge; 'Pallas Athene', weiß mit violettem Auge; 'Waupee' (siehe Foto), reinweiß, lange blühend.

Garten-Margerite

Leucanthemum-Superbum-Gruppe

S 60–90 ✿ 6–7/9 ☼

Prägnanter weißer Blickpunkt mit langer Blütezeit.

Wuchs: Breite Horste aus meist aufrechten Trieben mit lanzettlichen, gezähnten Blättern.

Blüte: Große, auch gefüllte Margeritenblüten.

Pflege: Bei Bedarf stützen. Rückschnitt nach der Blüte sorgt für zweite Nachblüte.

Verwendung: Gruppenweise in der Staudenrabatte. Schöne und haltbare Schnittblume.

Sorten: 'Christine Hagemann' (siehe Foto), gefüllt, gelbgrüne Mitte, reichblütig, 80 cm; 'Gruppenstolz', ungefüllt, standfest, 60 cm.

Kartoffelstrauch

Solanum jasminoides (Syn.: *S. laxum*)

⊙/K 50–200 ✿ 5–10 ☼–◑

Sehr reich und anhaltend blühendes Tropenkind.

Wuchs: Buschig wachsender oder kletternder Strauch, wegen der mangelnden Winterhärte einjährig gezogen. Blätter spitz-eiförmig, immergrün.

Blüte: Weiß, sternförmig, in lockeren Büscheln.

Pflege: Anfängliches Stutzen fördert den buschigen Wuchs. Ausreichend wässern und reichlich düngen. Lässt sich frostfrei im Kübel überwintern.

Verwendung: Als leuchtend weißer Farbklecks im Beet oder als üppiger Sichtschutz im Hintergrund; schön auch im Kübel als Solitär.

Glattblatt-Aster

Aster (Syn.: *Symphotrichum*)

S 80–140 ✿ 9–10 ☼

Üppiger Herbstblüher für den Beethintergrund.

Wuchs: Große Horste aus aufrechten Trieben mit glatten, lanzettlichen, unbeharten Blättern; kurze Ausläufer.

Blüte: Weiße Körbchenblüten in dichten Rispen.

Pflege: Bei Trockenheit gründlich wässern, um Mehltau vorzubeugen; bei Bedarf stäben.

Verwendung: Schön zu Phlox, Gräsern und anderen Herbstblühern. Gute Schnittblume.

Sorten: 'Weißes Wunder' (siehe Foto), 120 cm; 'White Ladies', 80 cm.

Hinweis: Wird auch als *Symphotrichum novi-belgii* geführt.

Purpursonnenhut

Echinacea purpurea

S 60–100 ✿ 7–9 ☼

Markanter Sommerblüher, Schmetterlingsmagnet.
Wuchs: Aufrechte Horste mit rauen, spitz-eiförmigen Blättern.
Blüte: Groß, einzeln, mit erhabener, orangebrauner Mitte und breiten Strahlen.
Pflege: Kurzlebig, daher regelmäßig nachpflanzen.
Verwendung: Gruppenweise im Staudenbeet, für nicht zu schwere Böden.

Sorten: 'Alba' (siehe Foto), weiß.

Feinstrahlaster

Erigeron-Hybriden

S 50–80 ✿ 6–7/9 ☼

Asterähnliche Beetstaude mit reicher Blüte.
Wuchs: Horste aus meist aufrechten Trieben mit lanzettlichen Blättern.
Blüte: Zarte Blütensterne mit feinen weißen Strahlen.
Pflege: Gleich nach der Blüte bodennah zurückschneiden und düngen, dann Neuaustrieb mit 2. Blüte. Auf schweren Böden standschwach.
Verwendung: Sehr schön zu Rosen und anderen Beetstauden für die Sonne.

Sorten: 'Sommerneuschnee' (siehe Foto), weiß.

Pfirsichblättrige Glockenblume

Campanula persicifolia

S 50–80 ✿ 6–7 ☼–◑

Duftig, natürlich, von romantischer Schönheit.
Wuchs: Aufrechte Triebe mit schmalen Blättern, entspringen einer Blattrosette; kurze Ausläufer.
Blüte: Zarte, große Glockenblüten in lockeren Trauben in Violett oder Weiß.
Pflege: Bei anhaltender Trockenheit wässern; Rückschnitt nach der Blüte.
Verwendung: Im Staudenbeet und am Gehölzrand; sehr schön in naturnahen Pflanzungen.

Sorten: 'Grandiflora Alba', weiß.

Sommer-Salbei

Salvia nemorosa

S 40–70 ✿ 5–7/9 ☼

Reichblühender weißer Begleiter im Beet.
Wuchs: Aufrechte Horste mit eiförmigen, mattgrünen Blättern.
Blüte: Weiße Lippenblüten in dichten Kerzen an den Triebenden.
Pflege: Scharfer Rückschnitt nach der Blüte sowie leichte Düngung regen die Zweitblüte an.
Verwendung: Guter Begleiter zu Rosen und vielen Beetstauden.

Sorten: 'Adrian' (Syn.: 'Schneehügel', siehe Foto), reinweiß, dichtblütig in kompakten Horsten.

Nachtviole

Hesperis matronalis

S/⊙ 60–80 ✿ 5–7 ☼–◑

Klares Weiß, toller Duft und natürlicher Charme.
Wuchs: Aufrecht, stark verzweigt, mit Grundblattrosette und dreieckigen Blättern.
Blüte: Vierblättrig, weiß; abends stark duftend.
Pflege: Zur Verlängerung der Blütezeit Verblühtes abschneiden. Kurzlebig, versamt sich aber.
Verwendung: Gruppenweise im Beet oder am Gehölzrand; schön mit Glockenblumen, Kosmeen.

Sorten: 'Alba' auch var. *albiflora*, (siehe Foto), weiß; 'Alba Plena', weiß, gefüllt, steril.

Euphorbie

Euphorbia 'Diamond Frost'

⊙ 20–40 ✿ 6–9 ☼–◑

Duftiger, vielseitiger und robuster Dauerblüher.
Wuchs: Kleine rundliche Büsche aus verzweigten Trieben mit lanzettlichen Blättern.
Blüte: Winzig, mit weißen Hochblättern, als duftiger Schleier über dem Laub.
Pflege: Benötigt keine besondere Pflege.
Verwendung: Einzeln oder in kleinen Gruppen, als Begleiter im Beet, auch im Topf; leicht kombinierbar.

Hinweis: Die Pflanze und ihr Milchsaft sind giftig.

Purpur bis Schwarz – dramatische Farben

Tiefes Purpur – die Farbe der Könige und Päpste –, dunkles Violett bis hin zu Schwarz, das sind die Blütenfarben, die derzeit Furore machen. Sie wirken geheimnisvoll, dramatisch und schwer, mitunter auch düster und morbide – in jedem Fall betonen sie die Besonderheit einer jeden Bepflanzung. Gleichzeitig kennzeichnen sie auch den Gärtner als unkonventionellen Gestalter, denn nicht jeder mag diese Farbtöne, die gekonnt inszeniert sein müssen.

Wirkungsvoll einsetzen

Man sollte die Verwendung dieser ungewöhnlichen Farben auf bestimmte, klar abgegrenzte Bereiche beschränken und sie dort in ein Gesamtkonzept integrieren. Einfach in ein Beet nach Belieben eingestreut, werden sie ihre Wirkung verfehlen. Kombiniert man hingegen z. B. schwarze Tulpen, purpurroten Kugel-Lauch und dunkellaubige Begleiter wie die Blut-Berberitze, entsteht eine Pflanzung mit einmaliger und ausdrucksstarker Wirkung.

Für dramatische Akzente sorgen Blüten in ungewöhnlich dunklen Farbtönen, wenn diese sich gut von der Umgebung abheben können.

Schwarze Waldrebe

Clematis viticella 'Romantika'

K | 2–3 m | 6–8 | ☼–◑

Romantikzauber für die Senkrechte.
Wuchs: Üppige Kletterpflanze mit 3-fach gefiederten Blättern, die sich mit ihren Blattstielen emporrankt.
Blüte: Groß, vierblättrig, violett- bis schwarzrot.
Pflege: Am Rankgitter oder einer anderen Kletterhilfe ziehen. Bei Trockenheit ausreichend wässern; Rückschnitt im Herbst bis auf Kniehöhe.
Verwendung: Wunderbar zu Strauch- und Kletterrosen sowie zur Wandbegrünung.

Stockrose, Stockmalve

Alcea rosea 'Nigra'

⊙ | 150–200 | 7–9 | ☼

Dunkler Farbträger mit Landhaus-Flair.
Wuchs: Aus einer Blattrosette entspringen im 2. Jahr die straff aufrechten, handförmig belaubten Triebe.
Blüte: Groß, malvenartig, samtig schwarzrot, in Trauben an den Triebenden.
Pflege: Luftig auf nährstoffreiche Böden pflanzen; ab und zu düngen. Sät sich selbst aus.
Verwendung: Einzeln oder in Gruppen, am Zaun, vor Mauern oder im Hintergrund von Rabatten.

Türkischer Mohn

Papaver orientale 'Patty's Plum'

S | 60–70 | 5–6 | ☼

Begehrte Sorte, der Blickfang zur Blütezeit.
Wuchs: Locker horstig, Blätter graugrün, länglich, fiederartig eingeschnitten, behaart.
Blüte: Einzelne, große Schalen an den Stielenden, hell auberginefarben bis pflaumenblau, in der Mitte mit vier schwarzen Flecken.
Pflege: Regelmäßig düngen und nach der Blüte scharf zurückschneiden.
Verwendung: In die Beetmitte oder im Hintergrund pflanzen, damit die Lücke nach dem Rückschnitt bzw. dem Einziehen verdeckt wird.

Kugel-Lauch

Allium sphaerocephalum

S 50–70 ✿ 7–8 ☼

Zierlicher, anspruchsloser Staudenbegleiter.
Wuchs: Zwiebelpflanze mit grasartigen Blättern und einzelnem straffen Blütentrieb.
Blüte: Kleine purpurrote Einzelblüten in spitzkugeliger Blütendolde.
Pflege: Braucht keine spezielle Pflege; bildet Brutzwiebeln.
Verwendung: Gruppenweise mit Stauden im Beet, wegen des früh einziehende Laubs am besten in der Beetmitte; sehr schön zu Gräsern und Rosen. Durchlässigen Boden wählen.

Schwarze Akelei

Aquilegia vulgaris 'Black Barlow'

S 40–80 ✿ 5–6 ◑

Ungewöhnlicher Blickfang im Halbschatten.
Wuchs: Aufrecht, in lockeren Horsten mit 3-teiligen, blaugrünen Blättern.
Blüte: Gefüllt, nickend, schwarzrot.
Pflege: Kurzlebig, daher einige Blütentriebe nach dem Abblühen zur Selbstaussaat stehen lassen.
Verwendung: In kleinen Gruppen; am Gehölzrand oder im Beet – jedoch nicht im Vordergrund, da nach dem Einziehen Lücken bleiben.

Hohe Bart-Iris

Iris-Barbata-Elatior-Hybriden

S 60–120 ✿ 4–6 ☼

Ungewöhnlicher Blickfang in Farbe und Form.
Wuchs: Oberflächennah kriechendes Rhizom mit schwertförmigen, graugrünen Blättern.
Blüte: Aus je 3 aufrechten und 3 herabhängenden Blütenblättern mit »Bart« bestehend; in dunklen Braun- und Rottönen bis fast schwarz.
Pflege: Rhizome waagerecht pflanzen und nur leicht mit Erde bedecken. Verblühtes abschneiden.
Verwendung: In Gruppen auf eher trockenen Böden, auch im Topf; schön zu Gräsern.

Sorten: 'Royal Trumpeter', samtig kastanienbraun, 70 cm; 'Superstition' (siehe Foto), fast schwarz, 90 cm.

Schwarze Tulpe

Tulipa-Hybride 'Queen of Night'

Z 50–60 ✿ 4–5 ☼

Eine Tulpe in Schwarz – geheimnisvoll und elegant.

Wuchs: Eintriebige Zwiebelblume mit spitz-zungenförmigen, blaugrünen Blättern.

Blüte: Schwarzbraun mit purpurnem Glanz, kelchförmig auf straffen Stielen.

Pflege: Ab und zu düngen, Blätter einziehen lassen. Nicht am gleichen Standort nachpflanzen.

Verwendung: Einzeln oder in kleinen Gruppen, eingestreut als Farbtupfer im Beet.

Nieswurz, Lenzrose

Helleborus-Orientalis-Hybriden

S 30–40 ✿ 2–4 ◑

Frühjahrsblüher in ungewöhnlich dunklen Farben.

Wuchs: Langlebige kompakte Horste mit kriechendem Rhizom und fächerförmig zerteilten, ledrigen, teils purpurnen Blättern; wintergrün.

Blüte: Nickende Schalenblüten in tiefen Rot- und Purpurtönen bis Schwarzviolett.

Pflege: Alte Blätter im Frühjahr abschneiden; nicht verpflanzen oder teilen, ungestört lassen.

Verwendung: In Gruppen unter Gehölzen; schön mit Farnen, Gräsern und Zwiebelblumen.

Sorten: Es gibt ständig neue Sorten, oft ohne Namen.

Hornveilchen

Viola-Cornuta-Hybriden

S 10–20 ✿ 5–10 ☼–◑

Ein anmutiger, zarter Blickfang mit langer Blüte.

Wuchs: Kleine Horste aus lockeren Trieben mit eiförmigen, eingekerbten Blättern.

Blüte: Kleine Stiefmütterchen-Blüten, meist mit Zeichnung, in vielen Farben, auch fast schwarz.

Pflege: Rückschnitt nach der Erstblüte regt eine zweite Blütenbildung an.

Verwendung: In Gruppen am Beetrand, im Steingarten; sehr schön auch in Töpfen und Ampeln.

Sorten: 'Molly Sanderson' (siehe Foto), samtig schwarzviolett.

BEGLEITPFLANZEN

Kein Solist kann ohne Begleitmusik, kein Hauptdarsteller ohne Nebenschauspieler brillieren. Das gleiche Prinzip gilt auch für den Garten: Hier wird nicht die beste Wirkung erzielt, indem Sie besonders schöne Blühpflanzen einsetzen, sondern Sie müssen diese auch noch mit den passenden Gefährten, sprich: mit dem passenden Blattschmuck kombinieren. Dieser unterstreicht die Hauptakteure in ihrer Wirkung, ohne ihnen dabei die Schau zu stehlen.

Blattschmuck in kühlem Silber und Grau

Dezentes, aber edles Beiwerk sein – so lautet das Motto der silber- und graulaubigen Blattschmuckpflanzen. Sie sind unverzichtbar, wenn Sie ein Beet oder gar einen ganzen Garten in der Farbe Weiß anlegen wollen. Zu Pflanzungen mit mediterranem Charakter passen sie besonders gut, da sie das silbrige Licht des Südens in einer Pflanzung einfangen.

Kennzeichen dieser Pflanzen ist ihr dichtes Blattkleid aus weißen oder silbergrauen Haaren, das sie ursprünglich am Naturstandort vor Hitze schützt und Temperaturextreme mildert. Die dekorative Wirkung dieser Blätter kann man sich überall dort zunutze machen, wo sie andere Gewächse entweder neutral begleiten oder in ihrer besonderen Wirkung verstärken sollen.

Die weiß »panaschierten« (gemusterten) Blattschmuckpflanzen gehören ebenfalls in diese Gruppe, fallen aber nicht durch ein dichtes Haarkleid, sondern »normale« Blätter mit weißer, cremefarbener oder silbriger Zeichnung auf. Auch sie sind attraktive Begleiter im weißen Garten, vor allem die Weißrand-Funkie.

Silbergraues Beiwerk unterstreicht sowohl mediterrane Pflanzungen als auch Beete in Weiß und Creme.

Weidenblättrige Birne

Pyrus salicifolia 'Pendula'

B ⬆3–6 m ✿ 4–5 ☼

Silberlaubiger Baum mit wenig Platzbedarf.

Wuchs: Kleiner Baum mit rundlicher Krone, überhängenden Ästen und schmal elliptischen, silbrig- bis graugrünen Blättern.

Blüte: Sternförmig, weiß; es bilden sich sehr kleine, birnenförmige, ungenießbare Früchte.

Pflege: Keine besondere Pflege nötig.

Verwendung: Einzeln als Blickfang oder silberlaubiger Begleiter zu entsprechender Bepflanzung.

Silber-Wermut

Artemisia ludoviciana 'Silver Queen'

S 60–80 ✿ 7–9 ☼

Vielfältig verwendbarer weißfilziger Blattschmuck.

Wuchs: Buschige Horste mit aufrechten Trieben und lanzettlichen, silberweißfilzig behaarten Blättern.

Blüte: Kleine gelbbraune Körbchenblüten in Trauben an den Triebenden.

Pflege: Benötigt keine besondere Pflege. In rauen Lagen Winterschutz.

Verwendung: Einzeln oder in Gruppen im Staudenbeet; sehr schön als Begleiter zu rosa, roten und blauen Blütenfarben sowie zu Rosen. Nasse Standorte meiden.

Silber-Wermut

Artemisia arborescens 'Powis Castle'

S 60–100 ✿ 7–9 ☼

Schöne feinlaubige silbrige Blattschmuckpflanze.

Wuchs: Breitbuschige Horste mit aufrechten bis überhängenden, verholzenden Trieben und nadelfein gefiedertem, silbrigem Laub.

Blüte: Kleine gelbliche Körbchenblüten in Trauben an den Triebenden.

Pflege: Benötigt keine besondere Pflege. In rauen Lagen Winterschutz.

Verwendung: Einzeln oder in Gruppen im Staudenbeet, im Steingarten oder auch im Kübel. Nasse Standorte meiden.

Lavendel

Lavandula angustifolia

S/HStr 30–60 ✿ 6–8 ☼

Einer der beliebtesten graulaubigen Begleiter.

Wuchs: Rundliche Polster aus am Grund verholzenden Trieben mit schmalem, graugrünem Laub; immergrün, aromatisch duftend.

Blüte: Kleine Lippenblüten in dichten, lang gestielten Ähren; violett, rosa oder weiß.

Pflege: Regelmäßig im Frühjahr kräftig stutzen. Blütentriebe nach der Blüte ausschneiden.

Verwendung: Zu Stauden mit kräftigen Blütenfarben, zu Rosen und Gräsern.

Blaublatt-Funkie, Herzlilie

Hosta-Hybriden

S 20–100 ✿ 6–8 ◑

Begeistert durch klare Form und auffällige Farbe.

Wuchs: Kompakte Horste mit lang gestielten, ganzrandigen, derben, stark geaderten Blättern, je nach Sorte graugrün bis blaugrau oder blau.

Blüte: Je nach Sorte violette oder weiße, längliche Glocken in lang gestielten Trauben.

Pflege: Gelegentlich düngen. Vor allem den Austrieb vor Schneckenfraß schützen.

Verwendung: Einzeln oder in Gruppen am Gehölz- oder am Teichrand, im Beet oder im Kübel.

Sorten: 'Blue Angel' (siehe Foto), sehr große, schön geformte, stark geaderte graublaue Blätter, 100 cm. 'Halcyon', intensiv blaugraue Blätter, Blüte lilablau, 50 cm. Beide Sorten sind schneckenrobust.

Perlkörbchen

Anaphalis triplinervis

S 20–40 ✿ 6–8 ☼

Hübsch als Begleiter und Trockenblumenschmuck.

Wuchs: Breitbuschige Horste aus aufrechten Trieben mit lanzettlichem, silbrig-filzigem Laub.

Blüte: Kleine, kugelige, silbrigweiß-gelbe Strohblumen in reich verzweigten Rispen.

Pflege: Braucht keine besondere Pflege; bei Bedarf abstechen.

Verwendung: Im Beetvordergrund, zusammen mit Salbei, Wolfsmilch, Lavendel, Iris und Gräsern. Hitzetolerant; dichte oder staunasse Böden meiden.

Walzen-Wolfsmilch

Euphorbia myrsinites

S | 15–30 | ✿ 5–6 | ☼

Ungewöhnlich in Wuchsform und Laubfarbe.

Wuchs: Breite Teppiche aus niederliegenden Kriechtrieben, dicht mit fleischigen, blaugrünen, rundlich zugespitzten Blättern besetzt; wintergrün.

Blüte: Winzig, mit gelbgrünen Hochblättern, in kleinen Dolden an den Triebenden.

Pflege: Verkahlte Triebe nach der Blüte stutzen.

Verwendung: An Beeträndern, auf Mauerkronen und im Steingarten.

Hinweis: Die Pflanze und ihr Milchsaft sind giftig.

Woll-Ziest

Stachys byzantina

S | 10–30 | ✿ 7–8 | ☼

Vielseitiger Staudenbegleiter für sonnige Beete.

Wuchs: Bildet durch Ausläufer dichte Teppiche aus elliptischen, filzig behaarten, silbergrauen Blättern.

Blüte: Kleine rosa Lippenblüten in Quirlen auf dicht behaarten, aufrechten Trieben.

Pflege: Keine Pflege nötig.

Verwendung: Das Silbergrau vermittelt sehr gut zwischen verschiedensten Blütenfarben. Bodennässe meiden.

Sorten: 'Cotton Boll', wollige Blütentriebe; 'Silver Carpet', wenig blühend.

Filziges Hornkraut

Cerastium tomentosum

S | 10–15 | ✿ 5–6 | ☼

Anspruchsloser silberlaubiger Flächendecker.

Wuchs: Durch kriechende Ausläufer teppichbildend, Triebe mit filzigen, silbergrauen, lanzettlichen Blättern.

Blüte: Weiß, sternförmig, an kurzen Stielen.

Pflege: Neigt auf besseren Böden zum Wuchern, daher bei Bedarf abstechen.

Verwendung: Als Weg- und Beeteinfassung, in Treppen- und Mauerfugen, im Steingarten.

Sorten: 'Silberteppich '(siehe Foto), robust, schnellwüchsig, wintergrün.

Blattschmuck in leuchtendem Grün

Sie bringen Licht in Beete, hellen dunkle Bereiche des Gartens auf – für Pflanzungen im Halbschatten oder Schatten sind Blattschmuckpflanzen in gelbgrünen Tönen ideal. Ganz gleich, wie effektvoll die Wirkung sein soll, die Vielfalt ist groß: Sie haben die Wahl zwischen intensivem, komplett gelbgrünem Laub oder dezenten, gelb gefleckten Blättern.

Gute Kombinationspartner

All diese Arten haben die enorme Beide Typen eignen sich zur Kombination mit Blütenpflanzen in warmem Gelb, Orange oder Rot, ergeben mit ihnen zusammen eine rundum stimmige Gesamtbepflanzung. Sie suchen niedrige oder hohe Gewächse in Gelbgrün?

Diese Blattschmuckpflanzen gibt es vom Bodendecker (zur Randbepflanzung ideal) bis hin zum Gras mit gelb gestreiften Blättern (z. B. als Blickfang in der Beetmitte perfekt). All diese Arten haben die enorme Schmuckwirkung gemeinsam, die schon vor der Blüte der übrigen Pflanzen einsetzt – und auch danach noch lange anhält.

Schon eine Kombination aus verschiedenen Funkien- und *Heuchera*-Sorten sorgt für abwechslungsreichen Blattschmuck.

Gelbblatt-Funkie, Herzlilie

Hosta-Hybriden

S 40–80 ✿ 6–8 ◑–●

Auffälliger Blattschmuck für den Halbschatten.
Wuchs: Kompakte Horste mit lang gestielten, ganzrandigen, derben, stark geaderten Blättern, gelbgrün oder gelb mit grünem Rand.
Blüte: Je nach Sorte violette oder weiße, längliche Glocken in lang gestielten Trauben.
Pflege: Gelegentlich düngen. Vor allem den Austrieb vor Schneckenfraß schützen.
Verwendung: Einzeln oder in Gruppen im absonnigen Beet, am Gehölz- oder am Teichrand.

Sorten: 'Fortunei Albopicta' (= 'Aureomaculata'), Blätter cremegelb, grün gerandet, Blüte hellila, 70 cm. 'June Fever' (siehe Foto), edel geformte goldgelb überhauchte Blätter mit dunkelgrünem Rand, Blüte helllila, 40 cm.

Buntlaubiger Garten-Salbei

Salvia officinalis

S/HStr 40–60 ✿ 6–7 ☼

Sonnig-aromatische Blätterzierde.
Wuchs: Kräftige Horste, am Grund teils verholzend, mit länglich-eiförmigen, filzigen Blättern.
Blüte: Blauviolette Lippenblüten in Quirlen.
Pflege: Leichter Rückschnitt nach der Blüte.
Verwendung: Am Beetrand, auf Mauerkronen und im Gewürzgarten; passt schön zu Gräsern.

Sorten: 'Goldblatt', goldgelbes Blatt; 'Icterina' (siehe Foto), am Rand unregelmäßig gelbgrün gefleckt.

Purpurglöckchen

Heuchera-Hybriden

S 30–60 ✿ 6–8 ☼–●

Ungewöhnliche Grüntöne als Farbkontrast.
Wuchs: Polsterförmig, mit großen, rundlichen, gelappten Blättern in leuchtendem Grün, teils mit kontrastierender Zeichnung; teilweise wintergrün.
Blüte: Winzig, weiß oder rot, in duftigen Rispen auf straffen Stielen hoch über dem Laubteppich.
Pflege: In rauen Lagen Winterschutz geben.
Verwendung: Einzeln oder gruppenweise, als Beeteinfassung oder am Gehölzrand.

Sorten: Viele neue Sorten in ungewöhnlichen Tönen, wie 'Caramel', karamelgolden, unterseits tiefrot; 'Key Lime Pie'(siehe Foto), leuchtend gelbgrün.

Gold-Wolfsmilch

Euphorbia polychroma (Syn.: *E. epithymoides*)

S 30–50 ✿ 4–5 ☼–◑

Auffallende Begleitstaude im Frühlingsgarten.

Wuchs: Rundliche Horste, dicht mit weichen eiförmigen Blättern besetzt; schöne Herbstfarbe.

Blüte: Winzig, mit leuchtend grüngelben Hochblättern, in dichten Schöpfen an den Triebenden.

Pflege: Benötigt keine besondere Pflege. Bei Verkahlen Rückschnitt nach der Blüte.

Verwendung: Einzeln oder gruppenweise im Frühlingsbeet, im Steingarten oder am Gehölzrand.

Hinweis: Die Pflanze und ihr Milchsaft sind giftig.

Süßkartoffel

Ipomoea batatas

⊙ 20–40 ✿ – ☼

Blattschmuck in ungewöhnlichen Leuchtfarben.

Wuchs: Kompakte Büsche mit kurzen, dicht belaubten Trieben, teilweise auch rankend.

Blüte: Bildet keine Blüten.

Pflege: Ausreichend wässern und düngen; Rückschnitt bei Bedarf möglich.

Verwendung: Auffallender Blattschmuck für Beetränder und Einfassungen, schön auch im Topf.

Sorten: 'Marguerite' (siehe Foto), kräftig gelbgrün, herzförmig bis tief eingeschnitten; Sweet Caroline 'Light Green', goldgrünes, fingerförmiges Laub; Sweet Heart 'Terrace Lime', leuchtend gelbgrün, mit zugespitzt herzförmigem Laub.

Gelblaubiges Pfennigkraut

Lysimachia nummularia 'Aurea'

S 5–10 ✿ 5–7 ☼–●

Gelblaubiger Bodendecker für feuchte Bereiche.

Wuchs: Durch Kriechtriebe flache Teppiche bildend, Blätter rundlich, leuchtend gelbgrün, paarweise gegenüber stehend.

Blüte: Schalenförmig, leuchtend gelb, in den Blattachseln sitzend.

Pflege: Benötigt keine besondere Pflege.

Verwendung: Als Flächendecker auf feuchten bis nassen Böden; schön zu dunkellaubigen Stauden.

Sorten: 'Aurea' (siehe Foto); 'Goldilocks'.

Gold-Flattergras

Milium effusum 'Aureum'

G | 30–80 | ✿ 5–6 | ◑

Effektvoller Lichtbringer im Schatten.
Wuchs: Lockere Horste mit übergeneigten, kräftig goldgelb gefärbten Blättern an bogigen Trieben.
Blüte: Kleine perlartige Blüten in verzweigten, locker überhängenden Rispen über dem Laub.
Pflege: Keine Pflege nötig.
Verwendung: Für humusreiche, lockere Böden am Gehölzrand oder im Beet. Schön zusammen mit kontrastierenden Blattschmuckpflanzen.
Tipp: Hellt Schattenpartien auf.

Goldgelbe Steif-Segge

Carex elata 'Aurea' (= 'Bowles' Golden')

G | 40–60 | ✿ 4–5 | ◑

Goldgelber Farbklecks im Garten.
Wuchs: Dichtbuschige Horste mit langen, elegant überhängenden, goldgelben Blättern. Immergrün.
Blüte: Schlanke, gestielte Ähren an zarten Trieben über dem Laub.
Pflege: Bei Bedarf wässern, Blütentriebe zurückschneiden. Sonst keine spezielle Pflege nötig.
Verwendung: Auf ausreichend Bodenfeuchte achten. Bevorzugt am Gehölzrand pflanzen.

Gelbbunte Segge

Carex oshimensis

G | 20–30 | ✿ 4–5 | ◑–●

Dauerhaftes Blatt-Gold für schattige Partien.
Wuchs: Flache Horste aus bogigen, etwas steifen Blättern, die einen hellgelben Mittelstreif aufweisen. Immergrün!
Blüte: Unscheinbare, schlanke, kurze Ähren, an zarten Trieben über dem Laub.
Pflege: In rauen Lagen Winterschutz geben. Horste gelegentlich ausputzen und verbraunte Blätter entfernen.
Verwendung: Vor oder unter Gehölzen. Bevorzugt in Gruppen pflanzen.

Sorten: 'Everillo' (siehe Foto), leuchtend gelbgrün, teils unregelmäßig gestreift.

Begleitpflanzen

Blattschmuck in Rot, Braun und Purpur

Dunkellaubiger Blattschmuck besticht durch tiefe, schwere Farben, von verschiedensten Brauntönen über Rot bis hin zu Purpur. Er gibt einer Pflanzung die notwendige Bodenhaftung, sorgt für einen zurückhaltenden Hintergrund, vor dem intensive Farben erst richtig zur Geltung kommen. Mit diesen Blattschmuckpflanzen lassen sich ganz ungewöhnliche Farbkombinationen schaffen, die so noch vor wenigen Jahren gar nicht denkbar waren.

Große Vielfalt

Derzeit kommen laufend neue *Heuchera*-Sorten auf den Markt, die den aktuellen Farbtrend aufgreifen und von den Gartengestaltern begeistert aufgenommen werden – ebenso wie neuere Gräserzüchtungen mit rotem Laub. Aber auch mit Klassikern, z. B. der Blut-Berberitze, dem roten Perückenstrauch oder dunkellaubigen Dahlien, wie der Sorte 'Bishop of Llandaff', lassen sich aufsehenerregende Effekte einfach erzielen.

Ähnlich wie purpurfarbene bis schwarze Blüten sorgt auch entsprechender Blattschmuck für spannende Farbakzente.

Roter Perückenstrauch

Cotinus coggygria 'Royal Purple'

Str ⬆ 1,5–2 m ✿ 6–7 ☼

Purpurlaubiger Strauch mit duftigen Blütenwolken.

Wuchs: Breitbuschiger, rundlicher Strauch mit eiförmigen, purpur- bis schwarzroten Blättern und gelbroter Herbstfärbung.

Blüte: Sehr kleine gelblich-rote Blüten in fedrigen Rispen an den Triebenden, die perückenartige, dunkelrote Fruchtstände bilden.

Pflege: Wenig schneiden oder nur auslichten.

Verwendung: In kleineren Gartenbereichen oder am Beetrand, auch auf trockenen Standorten.

Blut-Berberitze

Berberis thunbergii 'Atropurpurea'

HStr 50–80 ✿ 5 ☼–◑

Unverwüstlicher Hecken-Klassiker in Rot.

Wuchs: Sommergrüner, stark verzweigter und bedornter Strauch mit kleinen, eiförmigen Blättern.

Blüte: Klein, gelb, süß duftend; im Herbst längliche rote Beeren.

Pflege: Schnitt nach der Blüte (Handschuhe tragen!). Gelegentlich überalterte Triebe entfernen.

Verwendung: Für jeden Gartenboden.

Sorten: 'Atropurpurea Nana', nur 40–60 cm hohe Zwergform, für niedrige Hecken und Einfassungen.

Rizinus, Wunderbaum

Ricinus communis

⊙ ⬆ 1–2 m ✿ 7–10 ☼

Eindrucksvoller Blattschmuck mit Exotik-Charme.

Wuchs: Strauchartig, mit sehr großen, handförmigen, purpurbraunen Blättern.

Blüte: Männliche gelblich, unscheinbar, weibliche als stachelige, blutrote Kugeln.

Pflege: Aussaat wenig lohnend. Reichlich wässern und düngen. Kühle, feuchte Standorte meiden.

Verwendung: Als Solitär im Beet oder Kübel.

Sorten: 'Apache' (siehe Foto), dunkel schwarzrote Blätter, Blüten leuchtend rot; 'Carmencita', Laub schwarzrot

Hinweis: Die Samen sind äußerst giftig!

Bronze-Fenchel

Foeniculum vulgare 'Atropurpureum'

S 100–150 ✿ 7–9 ☼–◑

Filigraner Blattschmuck, bildet duftige Schleier.
Wuchs: Straff aufrechte, kräftige Triebe mit haarfein gefiederten, braunroten Blättern.
Blüte: Gelbe, dillähnliche Doldenblüten.
Pflege: Braucht keine spezielle Pflege. Kurzlebig, sät sich jedoch selbst aus.
Verwendung: Einzeln oder in kleinen Gruppen, eingestreut in der Beetmitte oder als Hintergrund.

Sorten: 'Atropurpureum' (siehe Foto), Laub dunkel braunrot; 'Giant Bronze', bronzefarbenes Laub; 'Rubrum', Blätter rotbraun.

Einfache Dahlie

Dahlia-Hybride 'Bishop of Llandaff'

Z 80–120 ✿ 7–10 ☼

Ganz in Rot – von den Blättern bis zu Blüte.
Wuchs: Große Knollenpflanze mit spitz-eiförmigen, purpurroten Blättern und straffen Blütentrieben.
Blüte: Leuchtend rote, leicht gefüllte große Körbchenblüten.
Pflege: Ende April pflanzen. Kräftig wässern, mäßig düngen, bei Bedarf stützen. Triebe nach der Blüte abschneiden, Knollen frostfrei in Sand überwintern.
Verwendung: Gruppenweise im Beet, schön zu roten Rosen sowie Herbst-Astern, Gräsern.

Rauer Wasserdost

Eupatorium rugosum 'Chocolate'

S 80–100 ✿ 7–9 ☼–◑

Blickfang mit ungewöhnlichem Laub.
Wuchs: Große Horste aus straff aufrechten Trieben mit paarweisen rotbraunen, breit lanzettlichen Blättern.
Blüte: Kleine weiße Körbchenblüten in dichten Doldenrispen über dem Laub.
Pflege: Bei anhaltender Trockenheit wässern.
Verwendung: Einzeln oder in kleinen Gruppen, besonders schön zu warmen Blütenfarben.

Rote Garten-Melde

Atriplex hortensis 'Rubra'

⊙ 80–100 ✿ 7–8 ☼

Purpurroter Blattschmuck mit essbarem Laub.
Wuchs: Buschige Horste mit kräftigen, aufrechten Trieben und dreieckigen, tief purpurroten Blättern.
Blüte: Unscheinbare, gelbliche Knäuel, in Rispen.
Pflege: Aussaat ins Freie ab April. Rückschnitt nach der Blüte.
Verwendung: In kleinen Gruppen, als Einfassung oder zwischen Sommerblumen und Stauden im Beet.
Tipp: Essbare, milde Spinat-Verwandte.

Schwarznessel

Perilla frutescens

⊙ 30–70 ✿ 9–10 ☼

Nachtschwarzes Asia-Flair mit würzigem Duft.
Wuchs: Aufrecht, buschig, mit zugespitzten, breit herzförmigen, schwarzpurpurnen Blättern.
Blüte: Kleine weiße Lippenblüten in den Blattachseln.
Pflege: Aussaat ins Freie ab Mai. Keine besondere Pflege nötig.
Verwendung: Als Strukturpflanze eingestreut ins Beet, um bunte Farben zu beruhigen. Kalte, feuchte Plätze meiden.
Tipp: Traditionelle Würz- und Heilpflanze aus Asien, die sich auch als Gemüse verwenden lässt.

Süße Wolfsmilch

Euphorbia dulcis 'Chameleon'

S 30–40 ✿ 5–6 ☼–◑

Intensiver, bei Sonne leuchtender Blattschmuck.
Wuchs: Buschige Horste aus aufrechten Trieben, dicht mit schmal elliptischen, braunroten Blättern besetzt.
Blüte: Winzig, gelblich, mit purpurroten Hochblättern.
Pflege: Bei anhaltender Trockenheit wässern.
Verwendung: Einzeln oder in Gruppen als Blickfang im Beet.

Hinweis: Die Pflanze und ihr Milchsaft sind giftig.

Purpurglöckchen

Heuchera-Hybriden

S 30–60 ✿ 6–8 ☼–◑

Blattschmuck für Farbexperimente.
Wuchs: Polsterförmig, mit rundlichen, gelappten Blättern in Rot-, Purpur- und Brauntönen, oft mit kontrastierender Unterseite; teils wintergrün.
Blüte: Winzig, weiß oder rot, in duftigen Rispen auf straffen Stielen hoch über dem Laubteppich.
Pflege: In rauen Lagen Winterschutz.
Verwendung: Einzeln oder gruppenweise, als Beeteinfassung, am Gehölzrand, im Kübel.

Sorten: Neue Sorten mit Blättern in ungewöhnlichen Tönen wie 'Berry Smoothie' (siehe Foto), rosabraun bis pinkfarben; 'Blackberry Jam', brombeerrot; 'Chocolate Ruffles', braunviolett, stark gewellter Rand.

Schlangenbart

Ophiopogon planiscapus 'Nigrescens'

S 10–20 ✿ 6–8 ◑–●

Ungewöhnlicher Blickfang für Schattenpartien.
Wuchs: Grasartige Horste aus fast schwarzen, metallisch glänzenden Blättern; wintergrün. Kein Gras, sondern ein Liliengewächs.
Blüte: Unscheinbar, lila; schwarzblaue Früchte.
Pflege: Am besten im Frühjahr pflanzen.
Verwendung: Gruppenweise am Gehölzrand oder im Schattenbeet. Schön zu Frühlingsblühern!

Süßkartoffel

Ipomoea batatas

S 20–40 ✿ ☼

Sehr extravagante Farbtöne sorgen für Wirkung.
Wuchs: Kompakte Büsche mit kurzen, dicht belaubten Trieben, teilweise auch rankend.
Blüte: Bildet keine Blüten.
Pflege: Ausreichend wässern und düngen; Rückschnitt bei Bedarf möglich.
Verwendung: Auffallender Blattschmuck für Beetränder und Einfassungen, schön auch im Topf.

Sorten: 'Blacky' (siehe Foto), fast schwarz, und Sweet Heart 'Purple', schwarzpurpurnes, zugespitzt herzförmiges Laub; Sweet Caroline 'Purple', schwarzpurpurn, fingerförmiges Laub.

Kriechender Günsel

Ajuga reptans

S 10–20 ✿ 5–6 ◑–●

Heimischer Bodendecker mit attraktivem Laub.
Wuchs: Teppichbildend, bogig aufsteigende Triebe mit rundlichen, wintergrünen Blättern.
Blüte: Kurze, dichte, leuchtend blaue Blütenkerzen.
Pflege: Gelegentlich düngen oder mit Kompost versorgen. Bei zu starker Ausbreitung abstechen.
Verwendung: Am Beetrand oder unter Gehölzen.

Sorten: 'Atropurpurea' (siehe Foto), rotbraunes Laub; 'Burgundy Glow', Blätter dreifarbig weiß-pink-grün.

Rotes Lampenputzergras

Pennisetum setaceum (Syn.: *P. advena*)

G/⊙ 40–80 ✿ 7–10 ☼

Sehr aparte Gräserzierde fürs Beet.
Wuchs: Dichte halbkugelige Horste mit langen, bogig überhängenden, rotbraunen Blättern.
Blüte: Schlanke, fedrig-walzenförmige, rotbraune Ähren auf langen Stielen über dem Laub.
Pflege: Wird einjährig gezogen, kann aber frostfrei in Töpfen überwintert werden.
Verwendung: Blickfang im Beet oder im Kübel; schöner Trockenblumenschmuck.

Sorten: 'Fireworks' (siehe Foto), Blätter pink- bis scharlach- und schwarzrot gestreift; 'Rubrum', dunkelrotes Laub. 'Rubrum', Halme, Laub und Ähren rotbraun; 'Summer Samba', Laub zunächst grün, dann bronzefarben, Ähren rosa überhaucht.

Japanisches Blutgras

Imperata cylindrica 'Red Baron'

G 30–40 ✿ – ☼

Blutroter Gräser-Zwerg.
Wuchs: Lockere, kleine Horste aus aufrechten, breiten Blättern, zunächst hellgrün, bald danach tiefrot gefärbt. Bildet kurze Ausläufer.
Blüte: Blüht in unserem Klima nicht.
Pflege: Braucht eine Abdeckung aus Laub oder Reisig als Winterschutz.
Verwendung: Ein echter Hingucker im Beet!

Gräser als zarte Begleiter im Beet

Filigrane Leichtigkeit und feine Eleganz – diese aparte Mischung strahlen Gartengräser aus. In der modernen Beetgestaltung spielen sie deshalb seit geraumer Zeit eine immer größere Rolle. Gräser sind »in« – und das aus vielen Gründen: Sie eignen sich hervorragend zum problemlosen Kombinieren, sind dabei aber gleichzeitig absolut pflegeleicht.

Dezente Blütenschleier

Dank ihrer unscheinbaren Blüten konkurrieren sie nicht mit den anderen Stauden um Aufmerksamkeit, wirken stattdessen im Gesamtbild ausgleichend und beruhigend. Gleichzeitig erzeugen ihre zarten Blütenstände einen dezenten Schleier, der auch zwischen ganz verschiedenen, auffälligen Blütenpflanzen gut vermitteln kann. Zudem bringt ihr horstförmiger Aufbau aus zahlreichen feinen Halmen deutliche Struktur ins Beet und hilft dadurch, die optisch notwendige Klarheit zu schaffen. Alles in allem viele gute Eigenschaften, die Gräser fast unverzichtbar machen.

Als dezente Begleiter, die Farben und Formen verbinden, aber auch Blickpunkte setzen sind Gräser im Garten unverzichtbar.

Garten-Reitgras

Calamagrostis × acutiflora 'Karl Foerster'

G ⬆ 40–150 ✿ 6–8 ☼–◐

Wichtiger Strukturbildner im Beet.
Wuchs: Dichte, schmalblättrige Horste, straff aufrechte Blütentriebe, goldbraune Herbstfärbung.
Blüte: Cremefarbene Rispe, zur Blütezeit fedrig ausgebreitet, danach ährenartig schmal.
Pflege: Rückschnitt im Spätwinter.
Verwendung: Einzeln oder in Gruppen. Vielfältig kombinierbar, besonders im Herbstbeet.

Rutenhirse

Panicum virgatum

G ⬆ 60–150 ✿ 7–9 ☼

Herbstfärbung wie im Indian Summer.
Wuchs: Aufrechte Horste mit schmal linealischen Blättern, die sich je nach Sorte ab Spätsommer goldgelb bis tiefrot verfärben.
Blüte: Perlförmig in reich verzweigten, feinstieligen Rispen hoch über dem Laubhorst.
Pflege: Keine besondere Pflege nötig.
Verwendung: Schöner Begleiter für Staudenrabatten, besonders wirkungsvoll im Herbst.

Sorten: 'Hänse Herms' (= 'Rotstrahlbusch', siehe Foto), leuchtend rot; 'Strictum', steifer aufrecht und höher, ockergelb.

Lampenputzergras

Pennisetum alopecuroides

G ⬆ 40–100 ✿ 8–10 ☼

Grazil und elegant – so liebt man Gräser.
Wuchs: Große, halbkugelige Horste mit sehr langen, bogig überhängenden Blättern.
Blüte: Walzenförmige rotbraune Ähren, die an langen Stielen zwischen und über dem Laub sitzen.
Pflege: Ausreichend wässern. Rückschnitt der schönen Winterwirkung wegen erst im Frühjahr.
Verwendung: Auf ausreichend feuchten Böden im Beet, als Solitär, zu Rosen und am Teich.

Sorten: 'Compressum', etwas kompakter, schöne gelbbraune Herbstfarbe; 'Hameln' (siehe Foto), kompakt, früh und reich blühend.

Einjähriges Lampenputzergras

Pennisetum setaceum (Syn.: *P. advena*)

G/☉ 40–100 ✿ 8–10 ☼

Herrlich-duftige Gräsereleganz!

Wuchs: Dichte halbkugelige Horste mit langen, bogig überhängenden Blättern.

Blüte: Schlanke, fedrig-walzenförmige, rosabraune Ähren auf langen Stielen über dem Laub.

Pflege: Wird einjährig gezogen, kann aber frostfrei in Töpfen überwintert werden.

Verwendung: Schöner Staudenpartner im Beet, auch zu Rosen. Toll als Trockenblumenschmuck!

Sorten: 'Rubrum' (siehe Foto), rotbraune Halme, Blätter und Blüten. 'Summer Samba', Laub zunächst grün, dann bronzefarben, Ähren rosa überhaucht.

Rasen-Schmiele

Deschampsia cespitosa

G 40–120 ✿ 6–7 ◑

Zauberhaft zart und duftig im Gegenlicht.

Wuchs: Halbkugelige bis breite Horste, lange, schmale, scharf gekielte und oberseits raue Blätter in frischem Grün.

Blüte: Fein verästelte, längliche Blütenrispen auf straffen Stielen, zunächst grün, später gelblich.

Pflege: Kaum Pflege. Blütentriebe wegen der dekorativen Wirkung über Winter stehen lassen.

Verwendung: Auf ausreichend feuchten Böden.

Sorten: 'Bronzeschleier', Blüten gelb- bis goldbraun; 'Goldschleier'(siehe Foto), Blüten hell-, dann goldgelb.

Silberährengras

Stipa (Syn.: *Achnatherum*) *calamagrostis*

G 30–90 ✿ 6–9 ☼

Sorgt dauerhaft für duftige Struktur im Beet.

Wuchs: Breite Horste mit überhängenden Blütenhalmen.

Blüte: Schlanke silbrige Rispen auf bogig geneigten Stielen. Lange Blütezeit!

Pflege: Keine Pflege nötig.

Verwendung: Im Beet wie auf Freiflächen im Naturgarten, einzeln oder in Gruppen. Schwere Böden meiden!

Sorten: 'Algäu' (siehe Foto), besonders lange Blühzeit; 'Lemperg', kompakter, schöne braunrote Herbstfarbe.

Diamantgras

Calamagrostis brachytricha

G ⇧ 50–100 ✿ 8–10 ☼

Glitzert zauberhaft im Tau.
Wuchs: Breitrunde Horste aus dunkelgrünen schmalen Blättern, überragt von den dicht stehenden Blütentrieben.
Blüte: Feine kegelförmige, silbrig- bis braunrosa gefärbte Rispen über dem Horst.
Pflege: Kaum Pflege. Die Blütentriebe den über Winter stehen lassen, wirken sehr dekorativ.
Verwendung: Einzeln oder in Gruppen im Beet; passt als Begleiter zu vielen Blütenstauden.

Hinweis: Das Diamantgras ist auch unter unter dem älteren Namen *Achnatherum brachytrichum* zu finden.

Wimper-Perlgras

Melica ciliata

G ⇧ 30–60 ✿ 5–6 ☼

Flauschiger Blütenschmuck für viele Wochen.
Wuchs: Lockere Horste aus graugrünen, schmal linealischen, meist eingerollten Blättern.
Blüte: Silbrig-weiße, schmal walzenförmige Ähren auf leicht geneigten Stielen über dem Laub.
Pflege: Wuchernde Nachbarpflanzen fernhalten.
Verwendung: Auf kalkhaltigen, eher mageren und trockenen Böden; gruppenweise im Steppenbeet und im Steingarten.

Moor-Pfeifengras

Molinia caerulea

G ⇧ 30–70 ✿ 8–10 ☼–◑

Hübsches Rabattengras mit warmer Herbstfarbe.
Wuchs: Aufrechte, dichte Horste mit schmalen, blaugrünen, im Herbst gelbbraunen Blättern.
Blüte: Schlanke Blütenrispen an steifen Stielen über dem Laubhorst.
Pflege: Bei Trockenheit wässern, Rückschnitt erst im Frühjahr.
Verwendung: Duftiges Ziergras für Beete und naturnahe Pflanzungen.

Sorten: 'Moorhexe', strafferer Wuchs, 40–70 cm; 'Variegata' (siehe Foto), Blätter gelblich weiß gestreift, 40–60 cm.

GARTENSTILE

Damit Sie sich am Ende in Ihrem Garten wirklich wohlfühlen, spielen nicht nur die richtigen Farben eine wichtige Rolle, sondern auch die gesamte Stilrichtung. Natürlich sind Pflanzen nicht an eine einzelne Stilrichtung gebunden. Aber es gibt gewisse Tendenzen. Und wenn Sie in Ihrem Garten stilistisch passende Arten miteinander kombinieren, erreichen Sie schnell und leicht eine gute Gesamtwirkung. Ob für den Landhaus- oder den formal-architektonischen Garten, ob für einen japanischen oder mediterranen Stil – auf den folgenden Seiten finden Sie die jeweils passende Auswahl dafür.

Ländlich – mit natürlichem Charme

Der Traum vom Bauern- oder Landhausgarten hat immer auch mit dem Wunsch nach Ursprünglichkeit, nach Lebendigkeit und Verbundenheit mit der Natur zu tun: Hier dürfen Pflanzen verschiedenster Art durcheinander wachsen. Früher wurden in solchen Gärten Zierpflanzen zum Schnitt gezogen, zusammen mit Gemüse und den passenden Kräutern. Vielfach dienten diese Gärten außerdem der Selbstversorgung und trugen einen wichtigen Teil zur täglichen Ernährung bei.

Landhausgarten heute

Heute spielen – neben üppig blühenden Prachtstauden – auch bunte Sommerblumen und Rosen eine wichtige Rolle, wenn man diesen Charakter nachgestalten möchte. Dabei kommen vor allem die Strauchrosen zum Einsatz: Am Zaun oder am Haus in Terrassennähe gepflanzt, verzaubern sie uns mit ihren duftenden Blüten. Umrahmt von weiteren Sträuchern wie Flieder oder Bauernjasmin geht der Traum vom romantischen Landhausgarten dann in Erfüllung.

Auch wenn Sie nicht direkt auf dem Land wohnen – mit den passenden Pflanzen sorgen Sie leicht für die entsprechende Atmosphäre.

Bauern-Hortensie

Hydrangea-Macrophylla-Hybride

Str ⬆ 1–1,5 m ✿ 6–9 ☼–◑

Der Inbegriff eines Bauerngartenstrauches.
Wuchs: Aufrechter, dichtbuschiger Strauch mit großen, frischgrünen, elliptischen Blättern.
Blüte: Große ballförmige Blütenstände, bei manchen Sorten auch schirmförmig (»Teller-Hortensien«), in Rosa, Rot, Blau, Violett oder Weiß.
Pflege: Verblühtes erst im Frühjahr entfernen; auf gleichmäßige Bodenfeuchte achten. Blaue Sorten brauchen Alaun-Düngung.
Verwendung: Als Blickfang am Eingang oder Zaun.

Alte Rose 'Charles de Mills'

Rosa-Gallica-Hybride

Str ⬆ 1–1,5 m ✿ 6–8 ☼

Herrlicher Duft und Blüten mit nostalgischem Flair.
Wuchs: Rundlicher, buschiger Strauch mit leicht überhängenden Trieben und mattgrünem Laub.
Blüte: Groß, schalenförmig, sehr dicht gefüllt, purpurrot mit starkem Duft.
Pflege: Ausreichend wässern und düngen, zu alte Triebe auslichten, Verblühtes entfernen.
Verwendung: Einzeln als Blickfang, etwa an der Terrasse, im Vorgarten oder am Zaun.

Sorten: Es gibt viele weitere Alte Rosen mit ähnlichem Charakter, etwa 'Jacques Cartier' oder 'Königin von Dänemark'.

Duftwicke, Edelwicke

Lathyrus odoratus

K/⊙ ⬆ 1–2 m ✿ 6–9 ☼

Bauerngartenpflanze mit natürlichem Charme.
Wuchs: Raschwüchsige Kletterpflanze, die sich mit fadenartig umgebildeten Blattfiedern emporrankt; Blätter dreiteilig, graugrün.
Blüte: Große, stark duftende Schmetterlingsblüten in Rosa, Rot, Violett oder Weiß.
Pflege: Aussaat ins Freie ab April. An eine Rankstütze setzen, ausreichend wässern und düngen.
Verwendung: Zum Beranken von Zäunen, Rankgerüsten oder Schnüren.

Kapuzinerkresse

Tropaeolum majus

K/☉ ⇧⬆ 20–200 ✿ 7–10 ☼–◑

Leuchtkräftige Blüten und üppige Wuchskraft.

Wuchs: Meist buschige Horste mit runden, etwas gelappten, in der Mitte gestielten Blättern; rankende Sorten klettern bis 2 m hoch.

Blüte: Groß, trichterförmig mit Sporn, gelb, orange, rot; Blüten und Knospen sind essbar.

Pflege: Aussaat ins Freie ab Mai. Mäßig düngen.

Verwendung: Sehr vielseitig: als Bodendecker, am Beetrand oder zum Beranken von Zäunen o. Ä.

Stockrose, Stockmalve

Alcea rosea (Syn.: *Althaea rosea*)

⊙ ⬆ 150–200 ✿ 7–9 ☼

Aus dem Bauerngarten nicht wegzudenken!

Wuchs: Im 1. Jahr eine Blattrosette, im 2. Jahr straff aufrechte, handförmig belaubte Triebe.

Blüte: Groß, malvenartig, an den Triebenden; in Rosa, Rot, auch Gelb oder Weiß, teils gefüllt.

Pflege: Luftig auf nährstoffreiche Böden pflanzen; ab und zu düngen. Sät sich selbst aus.

Verwendung: Einzeln oder in Gruppen, am Zaun, vor Mauern oder im Hintergrund von Rabatten.

Rittersporn

Delphinium-Hybriden

S ⬆ 80–200 ✿ 6–8/9 ☼

Ein Klassiker unter den Bauerngartenblumen.

Wuchs: Straff aufrechte Horste, Blätter handförmig zerteilt.

Blüte: Je nach Sorte lockere bis sehr dichte Kerzen in Blautönen, Rosa oder Weiß.

Pflege: Austrieb vor Schneckenfraß schützen. Hohe Sorten stützen. Nach der Blüte bis auf 10 cm zurückschneiden, dann erscheint eine zweite Blüte.

Verwendung: Wunderbar zu Rosen und anderen Beetstauden sowie zu Gräsern.

Sorten: Elatum-Hybriden, dichtblütig, 120–200 cm; 'Magic Fountains', als Farbsorten, halbgefüllt, standfest, nur 80–100 cm; New Millennium-Hybriden wie 'Purple Passion' (siehe Foto), dichtblütig, dunkelviolett mit kleinem weißen Auge, 140 cm.

Buschmalve, Strauchpappel

Lavatera-Hybride

S ⬆ 120–180 ✿ 7–10 ☼

Üppiger Dauerblüher mit Landhauscharakter.

Wuchs: Große, reich verzweigte Büsche mit handförmig gelappten Blättern.

Blüte: Große Malvenblüten in Rosa oder Rot.

Pflege: Rückschnitt nach der Blüte verlängert die Blütezeit; in rauen Lagen Winterschutz geben.

Verwendung: Einzeln oder in Gruppen, als Blickfang, am Zaun oder Hauseingang, auch im Kübel.

Sorten: 'Barnsley' (siehe Foto), weißrosa mit roter Mitte; 'Kew Rose', rosa.

Glattblatt-Aster

Aster (Syn.: *Symphotrichum*) *novi-belgii*

S ⬆ 80–140 ✿ 9–10 ☼

Sorgt für farbenfrohen Abschluss der Blühsaison.

Wuchs: Große Horste aus aufrechten Trieben mit glatten, lanzettlichen Blättern; kurze Ausläufer.

Blüte: Körbchenblüten in dichten Rispen, in Rosa, Rot- und Violetttönen sowie Weiß.

Pflege: Bei Trockenheit gründlich wässern, um Mehltau vorzubeugen; bei Bedarf stäben.

Verwendung: Schön zu Phlox, Gräsern und anderen Herbstblühern. Gute Schnittblume.

Sorten: 'Dauerblau', dunkelblau, 120 cm; 'Leuchtfeuer' (siehe Foto), rosaviolett, 100 cm; 'Royal Ruby', leuchtend rot, 80 cm; 'Schöne von Dietlikon', blauviolett, 120 cm.

Kosmee, Schmuckkörbchen

Cosmos bipinnatus

⊙ ⇧ 60–120 ✿ 7–10 ☼

Anmutiger, dankbarer Langzeitblüher.

Wuchs: Aufrechte, steife, oberwärts verzweigte Stängel mit nadelfein zerteiltem Laub.

Blüte: Große Schalen in Rosa, Karminrot oder Weiß mit gelber Mitte, am Rand teils eingerollt.

Pflege: Aussaat ins Freie ab Ende April. Verblühtes laufend aussschneiden; bei Bedarf stäben.

Verwendung: In Gruppen, zu vielen Stauden und Sommerblumen sowie Rosen kombinierbar.

Dahlien

Dahlia-Hybriden

Z ⇧⬆ 30–150 ✿ 7–10 ☼

Ein echter Klassiker für den Bauerngarten.

Wuchs: Große Knollenpflanze mit spitz-eiförmigen, dunkelgrünen Blättern und straffen Trieben.

Blüte: Große Körbchenblüten in fast allen Farben, von ungefüllt bis dicht pomponartig gefüllt.

Pflege: Ende April pflanzen. Kräftig wässern, mäßig düngen, bei Bedarf stützen. Nach der Blüte abschneiden, Knollen frostfrei in Sand lagern.

Verwendung: Gruppenweise im Beet oder am Zaun miteinander gemischt; schön zu Herbst-Astern und Gräsern.

Sonnenauge

Heliopsis helianthoides

S ⬆ 80–150 ✿ 7–9 ☼

Reichblühende Rabattenstaude für Sonne.

Wuchs: Große, breite Horste mit spitz eiförmigem dunkelgrünem Laub.

Blüte: Zahlreiche große, gelbe, je nach Sorte auch gefüllte Körbchenblüten.

Pflege: Verblühtes ausschneiden, um die Blüte zu verlängern; bei Bedarf stützen.

Verwendung: Schön in Sommerbeeten mit Rittersporn, Sonnenbraut und Indianernesseln.

Sorten: 'Goldgefieder' (siehe Foto), goldgelb, gefüllt, 130 cm; 'Hohlspiegel', goldgelb, halbgefüllt und großblütig, 130 cm.

Sonnenbraut

Helenium-Hybriden

S ⬆ 80–150 ✿ 6–9 ☼

Prächtig blühende, pflegearme Sommerstaude.

Wuchs: Große Horste mit lanzettlich beblätterten Trieben.

Blüte: Nach außen verbreitete Strahlenblüten in warmen Farben um eine kugelige, braune Mitte.

Pflege: Ausreichend wässern; höhere Sorten stützen.

Verwendung: Im sonnigen Staudenbeet auf nicht zu trockenen Böden. Vielfältig kombinierbar.

Sorten: 'Baudirektor Linne', rotbraun, 120 cm; 'Kugelsonne', hell-gelb, 150 cm; 'Kupferzwerg' (siehe Foto), orange- bis kupferrot, 100 cm; 'Zimbelstern', gelb- bis kupferbraun, 130 cm.

Stauden-Phlox

Phlox-Paniculata-Hybriden

S 70–130 6–9 ☼–◑

Duftende Prachtstaude mit Landhausflair.
Wuchs: Dichte Horste mit straffen Trieben und gegenüberstehenden, spitzeiförmigen Blättern.
Blüte: Tellerförmig in dichten Trauben, weiß, rosa, rot, violett, oft mit Auge, stark duftend.
Pflege: Ausreichend wässern und düngen; bei Bedarf stützen; nach der Blüte zurückschneiden.
Verwendung: Gruppenweise im Beet; passt zu vielen anderen Stauden und Gräsern.

Sorten: Die breite Sortenpalette bietet neben verschiedenen Farben auch unterschiedliche Höhen und Blütezeiten.

Brennende Liebe

Lychnis chalcedonica

S 80–100 6–7 ☼

Bauerngartenschatz in flammender Farbe.
Wuchs: Aufrechte Horste mit steifen Trieben und eiförmigen, sich gegenüberstehenden Blättern.
Blüte: Sternförmig, leuchtend orangerot, in kleinen schirmförmigen Dolden an den Triebenden.
Pflege: Ausreichend wässern und düngen; Rückschnitt nach der Blüte, sonst kurzlebig.
Verwendung: In größeren Gruppen in der Rabatte; schön zu Garten-Margeriten, Salbei, Gräsern.

Purpursonnenhut

Echinacea purpurea

S 60–100 7–9 ☼

Markanter Sommerblüher, Schmetterlingsmagnet.
Wuchs: Aufrechte Horste mit rauen, spitz-eiförmigen Blättern.
Blüte: Groß, einzeln, mit erhabener, orangebrauner Mitte und breiten Strahlen.
Pflege: Kurzlebig, daher regelmäßig nachpflanzen.
Verwendung: In Gruppen; für nicht zu schwere Böden.

Sorten: 'Alba', weiß; 'Magnus' (siehe Foto), karminrot; 'Art's 'Pride', leuchtend orangeroot.

Bauern-Pfingstrose

Paeonia officinalis

S | 50–100 | ✿ 5 | ☼

Traditionelle alte Bauerngartenpflanze.
Wuchs: Breite Horste mit teils standschwachen Trieben und großen, dunkelgrünen, gefiederten Blättern.
Blüte: Groß, dicht gefüllt, rot, rosa, weiß.
Pflege: Nur flach pflanzen. Im Frühjahr düngen, bei Bedarf stützen, Verblühtes entfernen.
Verwendung: Einzeln in der Rabatte oder als Blickfang, auch am Zaun oder vor Gehölzen.

Sorten: 'Rosea Plena' (siehe Foto) kräftig rosa; 'Rubra Plena', dunkelrot.

Taglilie

Hemerocallis-Hybriden

S | 50–100 | ✿ 6–9 | ☼–◑

Robuster Dauerblüher mit vielen Farbtönen.
Wuchs: Breite Horste mit grasförmigen Blättern.
Blüte: Trichterförmig, in Gelb-, Orange-, Rosa- und Rottönen bis Violett. Die Einzelblüte hält nur einen Tag, doch treiben laufend neue Knospen.
Pflege: Stiele nach der Blüte ausschneiden.
Verwendung: In Gruppen auf nicht zu trockenen Böden; schön zu Glockenblumen, Storchschnabel, Sonnenbraut und Gräsern.

Sorten/Arten: Großes Spektrum an Miniatur-, Klein-und Großblütigen Sorten, außerdem Wildarten wie *H. fulva*, braunorange, reichblütig, 70 cm.

Garten-Margerite

Leucanthemum-Superbum-Gruppe

S | 60–90 | ✿ 6–7/9 | ☼

Leuchtkräftige Staude mit natürlichem Charakter.
Wuchs: Breite Horste aus meist aufrechten Trieben mit lanzettlichen, gezähnten Blättern.
Blüte: Große weiße Margeritenblüten, auch gefüllt.
Pflege: Ausreichend wässern und düngen; bei Bedarf stützen. Rückschnitt nach der Blüte.
Verwendung: In Gruppen am Zaun oder in der Rabatte. Gute Schnittblume.

Sorten: 'Phyllis Smith' (siehe Foto), weiß, halbgefüllt, mit fein zerschlitzten Blütenblättern, die sich außen nach unten krümmen, gute Schnittblume.

Stauden-Lupine

Lupinus-Hybriden

S 60–100 ✿ 5–6 ☼

Kurze, aber intensive Farbenpracht fürs Beet.
Wuchs: Aufrechte Horste aus straffen, mit handförmig zerteilten Blättern besetzten Trieben.
Blüte: Schmetterlingsblüten in Blau, Violett, Rosa, Rot, Gelb oder Weiß, in dichten Blütenkerzen.
Pflege: Rückschnitt nach der Blüte.
Verwendung: In gemischten Gruppen in der Mitte des Staudenbeetes. Für kalkarme Böden geeignet.

Hohe Bart-Iris

Iris-Barbata-Elatior-Hybriden

S 60–120 ✿ 4–6 ☼

Faszinierende Staude mit eindrucksvollen Blüten.
Wuchs: Oberflächennah kriechendes Rhizom mit schwertförmigen, graugrünen Blättern.
Blüte: Aus je 3 aufrechten und 3 herabhängenden Blütenblättern mit »Bart«; in fast allen Farbtönen, auch mehrfarbig.
Pflege: Rhizome waagerecht pflanzen, nur leicht mit Erde bedecken. Verblühtes abschneiden.
Verwendung: In Gruppen auf eher trockenen Böden, im Beet oder am Zaun, mit z. B. Pfingstrosen, Gräsern, Gold-Garbe und Garten-Margeriten.

Gold-Garbe

Achillea filipendulina

S 70–120 ✿ 6–9 ☼

Beliebter Dauerblüher für den Bauerngarten.
Wuchs: Aufrechte Horste mit straffen Stielen und fein gefiedertem, graugrünem Laub.
Blüte: Schirmförmige Teller aus winzigen Körbchenblüten in Gelbtönen, Hybriden rot und orange.
Pflege: Verblühtes ausschneiden, mäßig düngen.
Verwendung: Schön zu Rittersporn, Gräsern, Salbei und Rosen.

Sorten: A.-Hybride 'Credo' (siehe Foto), cremegelb, 80 cm; 'Parker's Variety', leuchtend gelbe, kompakte Dolden, 120 cm.

Nachtviole

Hesperis matronalis

S/☉ 60–80 ✿ 5–7 ☼–◑

Heimische Bauerngartenstaude mit Abendduft.
Wuchs: Aufrecht, stark verzweigt, mit Grundblattrosette und dreieckigen Blättern.
Blüte: Vierblättrig, rosa, violett, auch weiß, in kegelförmigen Trauben, duftend.
Pflege: Zur Verlängerung der Blütezeit Verblühtes abschneiden.
Verwendung: Gruppenweise im Beet, am Gehölzrand, am Zaun; schön mit Glockenblumen, Garten-Margeriten, Fingerhut und Gräsern.

Levkoje

Matthiola incana

☉ 30–90 ✿ 5–8 ☼

Duftwunder mit barockem Flair.
Wuchs: Meist eintriebig mit graugrünen, lanzettlichen Blättern, selten buschig verzweigt.
Blüte: Rosa, rot, violett oder weiß, selten blassgelb, oft gefüllt, mit starkem Duft.
Pflege: Eigene Aussaat mit Vorkultur ab März. Gut wässern und düngen, Verblühtes ausschneiden.
Verwendung: Gruppenweise in gemischten Rabatten mit Stauden oder anderen Sommerblumen. Sehr gute Schnittblume!

Tränendes Herz

Lamprocapnos (Syn.: *Dicentra*) *spectabilis*

S 60–80 ✿ 5–6 ◑

Zarter Frühlingsblüher mit anmutigen Blüten.
Wuchs: Breite Horste mit bogigen Trieben und graugrünen, gefiederten Blättern.
Blüte: Herzförmig, rosa mit weißer »Träne«.
Pflege: Braucht auf ausreichend feuchten Böden kaum Pflege. Möglichst nicht verpflanzen.
Verwendung: Einzeln und so pflanzen, dass die Lücke nach dem frühen Einziehen der Blätter verdeckt wird.

Löwenmäulchen

Antirrhinum majus

☉ 20–80 ✿ 6–10 ☼–◑

Fröhlich, unkompliziert und schneckenrobust.
Wuchs: Buschig, reich verzweigt, mit dichten Blütenkerzen an straff aufrechten Trieben.
Blüte: Auffällige Rachenblüten in kompakten Ähren, in Gelb, Orange, Rosa, Rot oder Weiß.
Pflege: Eigene Anzucht nur mit Vorkultur, aufwändig. Rückschnitt nach der Erstblüte fördert die Nachblüte; Samenansatz abschneiden.
Verwendung: Niedrige Sorten als Einfassung, höhere in gemischten Rabatten, zum Schnitt.

Vergissmeinnicht

Myosotis sylvatica

⊙ 15–30 ✿ 4–6 ☼–◑

Duftiger heimischer Frühlingsblüher.
Wuchs: Breitbuschig, verzweigte Triebe mit lanzettlichen Blättern.
Blüte: Kleine blaue, rosa oder weiße Sternchen in Trauben über dem Laub.
Pflege: Aussaat im Juli, im September an den endgültigen Platz verpflanzen.
Verwendung: In Gruppen unter lichten Gehölzen oder im Frühlingsbeet, mit Tulpen und Narzissen.

Sorten: 'Compindi', dunkelblau; 'Nina weiß', weiß; 'Rosylva', rosa.

Stiefmütterchen

Viola × wittrockiana

⊙ 15–30 ✿ 3–5 ☼–◑

Kein Frühling ohne ihre fröhlichen Blüten!
Wuchs: Niedrige, breite Büsche aus lockeren Trieben mit eiförmigen, eingekerbten Blättern.
Blüte: Breite Veilchenblüte, in unzähligen Farben und -kombinationen, oft mit Zeichnung.
Pflege: Aussaat im Freien ab August; gut wässern und düngen.
Verwendung: Gruppenweise im Beet oder im Topf; sehr schön als Sortenmischung.

Formal – mit klarer Ordnung und Struktur

Klare Strukturen, Linien und Flächen bestimmen den Charakter formaler Gärten. Sie wirken sehr modern, weil in ihnen Verspieltheit keinen Platz hat, sondern sich die Gestaltung auf einige wesentliche Elemente beschränkt. Ähnlich wie in einer Designerwohnung kommen nur wenige »Objekte« zum Einsatz, die aber mit umso mehr Sorgfalt ausgewählt werden müssen – schließlich will man hier ganz bewusst eine Linie vorgeben und nichts dem Zufall überlassen.

Die Kunst der Reduktion

Hecken spielen in formalen Gärten eine Hauptrolle: Ganz geradlinig gepflanzt, gliedern sie die Fläche. In Form geschnitten sollten sie in jedem Fall sein. Völlig verpönt sind dagegen wild durcheinander wachsende Blumen oder gar bunte Sommerblumen.

Stattdessen beherrschen reduzierte Farben und vor allem Weißtöne die Gartenbühne; deren effektvolle Wirkung wird von ausdrucksstarken Blattschmuckpflanzen und Gräsern unterstrichen.

Klare Formen, zurückhaltende Farben und Weniger statt Mehr – das ist das Erfolgsrezept, wenn Sie einen formalen Garten schaffen möchten.

Kugel-Robinie

Robinia pseudoacacia 'Umbraculifera'

B | ⬆ 3–5 m | ✿ – | ☼

Ideal, um klare Akzente zu setzen.
Wuchs: Streng aufrechter Baum mit fast perfekt runder Krone; hellgrüne, aus elliptischen Blättchen zusammengesetzte Fiederblätter, im Herbst gelb. Die Kugelform bleibt sortentypisch erhalten.
Blüte: Die Sorte bildet keine Blüten.
Pflege: Auch stärkerer Rückschnitt wird gut vertragen.
Verwendung: Für jeden normalen Gartenboden.

Weißbunter Etagen-Hartriegel

Cornus controversa 'Variegata'

Str | ⬆ 1,5–3 m | ✿ 6 | ☼–◑

Etagenartiger, eleganter Strauch in weiß-grün.
Wuchs: Breiter, aufrechter Strauch mit regelmäßig etagenförmig angeordneten Ästen und elliptischen, gelbgrünen, weiß gerandeten Blättern.
Blüte: Klein, weiß, in breiten Schirmrispen; blauschwarze Früchte.
Pflege: Möglichst nicht schneiden, um die Wuchsform zu erhalten. Bei Trockenheit wässern.
Verwendung: Geschützten Platz wählen.

Gewöhnliche Eibe

Taxus baccata

H | ⬆ 1–2 m | ✿ 3–4 | ☼–●

Für grüne Heckenwände in sauberster Form.
Wuchs: Buschiger, reich verzweigter, sehr schnittverträglicher Baum mit weichen, schwarzgrünen Nadeln.
Blüte: Unscheinbar; rote beerenartige Früchte.
Pflege: Eiben können beliebig in Form geschnitten werden und eignen sich ähnlich wie Buchs auch für geometrische Formen und Figuren.
Verwendung: Keine zu trockenen oder stark verdichtete Böden wählen.

Hinweis: Außer der roten Samenhülle sind alle Teile sehr giftig!

Buchsbaum

Buxus sempervirens

HStr 20–60 ✿ 4–5 ☼–●

Äußerst vielseitig und ideal für alle Schnittformen.

Wuchs: Immergrüner Baum, dicht verzweigt mit kleinen, ledrigen, elliptischen Blättern.

Blüte: Gelb, klein und unscheinbar.

Pflege: Junge Pflanzen schon ab Frühjahr und häufig schneiden, ältere nur vorsichtig. Endform nur noch im Sommer (Juni) nachschneiden.

Verwendung: Für niedrige Hecken und Beeteinfassungen sowie Figurenschnitt.

Sorten: 'Suffruticosa', Einfassungs-Buchs, beste Sorte für niedrige Hecken, nur 60–100 cm.

Hinweis: Seit einigen Jahren breitet sich regional der gefährliche Buchsbaumzünsler aus. Beobachten, absammeln, zurückschneiden und ggf. ersetzen.

Beetrose 'Schneeflocke'

Rosa-Hybride

Str 40–50 ✿ 6–11 ☼

Pflegeleichte, sehr robuste und überreich blühende Bodendeckerrose.

Wuchs: Breitbuschiger Strauch, reich verzweigt, mit bogigen Trieben und glänzendem Laub.

Blüte: Mittelgroß, edelrosenartig, strahlend weiß, halbgefüllt, in dichten Büscheln, leicht duftend.

Pflege: Im Frühjahr kniehoch zurückschneiden.

Verwendung: In Gruppen oder flächig, im Beet, am Zaun oder als Wegbegleiter.

Sorten: Neben 'Schneeflocke' eignen sich noch zahlreiche weitere weiß blühende Sorten der Bodendecker- und Beetrosen.

Palmlilie

Yucca filamentosa

S 120–180 ✿ 7–9 ☼

Reduziertes Wüsten-Flair für formale Gärten.

Wuchs: Dichter Horst aus schwertförmigen, bis 50 cm langen, blaugrünen Blättern; immergrün.

Blüte: Groß, weiß, glockenförmig, in einer großen Rispe hoch über der Blattrosette; duftend.

Pflege: Mineralisch düngen, Schutz vor Winternässe.

Verwendung: Einzeln oder in Gruppen auf eher trockenen, durchlässigen Böden; schön mit Woll-Ziest oder Lavendel sowie hohen Gräsern.

Funkie, Herzlilie

Hosta-Hybriden

S ⇧ 20–80 ✿ 6–8 ◑–●

Klare Blattformen für klar gestaltete Gärten.
Wuchs: Kompakte Horste mit lang gestielten, ganzrandigen, derben, stark geaderten Blättern.
Blüte: Je nach Sorte violette oder weiße, längliche Glocken in lang gestielten Trauben.
Pflege: Gelegentlich düngen. Vor allem den Austrieb vor Schneckenfraß schützen.
Verwendung: Einzeln oder in Gruppen am Gehölz- oder am Teichrand, im Beet oder im Kübel.

Sorten: Je nach Blattfarbe unterscheidet man Grünblatt-, Gelbblatt- und Blaublattfunkien sowie solche mit weiß gerandetem oder geflecktem Laub (Weißrandfunkie).

Frauenmantel

Alchemilla mollis

S ⇧ 30–40 ✿ 6–7 ☼–◑

Sehr vielseitige, robuste Begleitstaude.
Wuchs: Halbkugelförmig mit großen, rundlichen, gelappten Blättern.
Blüte: Klein, grüngelb, in dichten Schleiern.
Pflege: Rückschnitt nach der Blüte, altes Laub im Frühjahr entfernen.
Verwendung: Lässt sich als Bodendecker, Randbepflanzung, im Beet oder am Wasser verwenden.

Lavendel

Lavandula angustifolia

S/HStr ⇧ 30–60 ✿ 6–8 ☼

Betont streng geschnitten formale Anlagen.
Wuchs: Rundliche Polster aus am Grund verholzenden Trieben mit schmalem, graugrünem Laub; immergrün, aromatisch duftend.
Blüte: Kleine Lippenblüten in dichten, lang gestielten Ähren; violett, rosa oder weiß.
Pflege: Regelmäßig im Frühjahr kräftig stutzen.
Verwendung: Gruppenweise, als Beet- oder Wegeinfassung; schön zu Rosen.

Sorten: 'Alba', weiß; 'Hidcote Blue', dunkelviolett; 'Hidcote Pink', rosa; 'Munstead', hell blauviolett.

Woll-Ziest

Stachys byzantina

S | 10–30 | ✿ 7–8 | ☼

Dezenter, stets gepflegt wirkender Begleiter.
Wuchs: Bildet dichte Teppiche aus elliptischen, filzig behaarten, silbergrauen Blättern.
Blüte: Kleine rosa Lippenblüten in Quirlen auf dicht behaarten, aufrechten Trieben.
Pflege: Keine Pflege nötig.
Verwendung: Als Einfassung und Flächenbildner. Bodennässe meiden.

Sorten: 'Cotton Ball' (siehe Foto), wollige Blütentriebe; 'Silver Carpet', wenig blühend.

Purpurglöckchen

Heuchera-Hybriden

S | 30–60 | ✿ 6–8 | ☼–◑

Farbiger Blattschmuck für Flächen und Linien.
Wuchs: Polsterförmig mit rundlichen, gelappten Blättern; je nach Sorte ocker bis fast schwarz, teils mit Zeichnung.
Blüte: Winzig, weiß oder rot, in duftigen Rispen auf straffen Stielen hoch über dem Laubteppich.
Pflege: In rauen Lagen Winterschutz.
Verwendung: Gruppenweise als Einfassung oder am Gehölzrand, auch im Topf.

Sorten: Es gibt zahlreiche Farbvarianten und immer wieder neue Sorten, die laufend verbessert werden.

Pampasgras

Cortaderia selloana

G | 50–250 | ✿ 9–10 | ☼

Eindrucksvoller Exot mit Riesenblüten.
Wuchs: Rundliche Blatthorste aus sehr schmalen, langen Blättern und stattlichen Blütenständen.
Blüte: Sehr große silberweiße Rispe auf straffen Stielen, nur zur Blütezeit ausgebreitet.
Pflege: Nur im Frühjahr pflanzen! Winterlicher Nässeschutz durch Zusammenbinden der Blätter nach oben und eine trockene Umhüllung.
Verwendung: Einzeln als prägende Gartengestalt.

Sorten: 'Evita' (siehe Foto), straff aufrecht, Horste 60 cm, Blütenstände 120-150 cm hoch; 'Pumila', kompaktere Zwergsorte, nur 50–120 cm hoch; 'Sunningdale Silver', besonders zierende, 200–250 cm hohe, silberweiße Blütenrispen.

Chinaschilf

Miscanthus sinensis

G 60–250 ✿ 8–10 ☼

Üppiges Riesengras als Blickpunkt und Rahmen.
Wuchs: Große, im Alter durch Ausläufer breite Horste mit schilfartigen, elegant übergeneigten Blättern. Meist schöne Herbstfärbung.
Blüte: Federartige Blütenrispen an den straffen Triebenden, je nach Sorte silbrig bis rötlich.
Pflege: Rückschnitt wegen der Winterzierde erst im Frühjahr. Bei Trockenheit wässern.
Verwendung: Als Solitär, als Blattschmuck- und Hintergrundpflanzung.

Garten-Reitgras

Calamagrostis × acutiflora

G 40–150 ✿ 6–8 ☼–◑

Wichtiger Strukturbildner im Beet.
Wuchs: Dichte Horste mit schmalen Blättern, straffe Blütentriebe, goldbraune Herbstfärbung.
Blüte: Cremefarbene Rispe, zur Blütezeit fedrig ausgebreitet, danach ährenartig schmal.
Pflege: Außer Rückschnitt der alten Halme im Spätwinter keine Pflege nötig.
Verwendung: Einzeln oder in Gruppen. Vielfältig kombinierbar, besonders im Herbstbeet.
Tipp: Gut zur Betonung vertikaler Strukturen.

Lampenputzergras

Pennisetum alopecuroides

G 40–100 ✿ 8–10 ☼

Sorgt für ruhige, gleichmäßig filigrane Struktur.
Wuchs: Große, halbkugelige Horste mit sehr langen, bogig überhängenden Blättern. Gelbliche Herbstfarbe.
Blüte: Walzenförmige rotbraune Ähren, die an langen Stielen zwischen und über dem Laub sitzen.
Pflege: Ausreichend wässern. Rückschnitt der schönen Winterwirkung wegen erst im Frühjahr.
Verwendung: Einzeln oder in Gruppen im Beet, als Solitär, am Gehölz- oder Teichrand.

Südlich – mit mediterranem Flair

Der herbe Duft von Lavendel, Gräser, die in der Hitze flirren, dazu Pflanzen, die sich durch fleischige oder graufilzige Blätter vor der Sommersonne schützen – das sind Eindrücke, die einen Garten oder ein Beet mit Mittelmeer-Flair ausmachen. Wer diese Gewächse erfolgreich in unseren Klimaregionen ziehen will, braucht als Grundvoraussetzung einen durchlässigen, eher mageren Boden und natürlich eine sonnige Lage. Wichtig ist vor allem ein Schutz vor Winternässe.

Charakteristischer Charme

Angereichert wird eine solche Mittelmeerpflanzung oder ein Steppenbeet am besten mit niedrigen Zwiebelblumen, vorzugsweise Wildarten, die man direkt dazwischen setzt. Als große Begleitpflanzen bieten sich im Sommer Kübelpflanzen wie Schmucklilie oder Oleander an, sie unterstützen die Stimmung, runden sie ab. Beim Anblick einer solchen Pflanzung kann man sich getrost entspannt zurücklehnen, denn es bleibt auch nach der Anlage nur wenig zu tun.

Graugrünes Laub, ungewöhnliche Blütenformen und genügend Platz für Steine oder Kies sind die Zutaten für ein mediterranes Beet.

Kugeldistel

Echinops ritro

S 80–100 ✿ 7–9 ☼

Faszinierend in Form und Farbe.
Wuchs: Aufrecht mit tief eingeschnittenen, bestachelten Blättern.
Blüte: Kugelförmiger Blütenstand, vor dem Aufblühen stahlblau, dann leuchtend blauviolett.
Pflege: Bei Bedarf stützen, sonst keine Pflege.
Verwendung: Sehr schön in sonnigen Beeten und zu Rosen. Auf schwereren Böden nicht standfest.

Sorten: 'Veitch's Blue' (siehe Foto), stahlblau, reichblütig.

Brandkraut

Phlomis russeliana

S 60–100 ✿ 6–8 ☼–◑

Flächendecker mit ungewöhnlichen Blüten.
Wuchs: Breite Horste mit straff aufrechten Trieben und großen, zugespitzt eiförmigen, stumpfgrünen Blättern; breitet sich durch Ausläufer langsam aus.
Blüte: Blassgelbe Lippenblüten in dichten Quirlen über den Blattpaaren; attraktive Fruchtstände.
Pflege: Benötigt keine spezielle Pflege.
Verwendung: Einzeln im Steppen- oder Kiesbeet; schön zu Kugeldisteln, Wolfsmilch und Gräsern.

Schmucklilie

Agapanthus-Headbourne-Hybriden

S 60–80 ✿ 7–9 ☼

Zierliche Schmucklilie fürs Freiland.
Wuchs: Dichte Horste aus riemenförmigen, glänzend grünen Blättern und straffen Blütentrieben.
Blüte: Lilablaue Trichter in kugeligen Dolden.
Pflege: Nur im Frühjahr pflanzen. Verblühten Blütenstand abschneiden, trockenen Winterschutz geben.
Verwendung: Für Rabatten mit Mittelmeer-Flair; schön zusammen mit Spornblume, Wolfsmilch, Lavendel.

Fackellilie

Kniphofia-Hybriden

S 60–150 ✿ 6–9 ☼

Exotische Blütenfackeln aus Südafrikas Savannen.

Wuchs: Dichte Horste aus grasartigen wintergrünen Blättern mit straff aufrechten Blütentrieben.

Blüte: Klein, röhrenförmig, in dichten Kolben.

Pflege: Nur im Frühjahr pflanzen; durch Zusammenbinden des Laubs vor Winternässe schützen.

Verwendung: In Gruppen auf durchlässigen Böden; schön zu graulaubigen Bodendeckern, Wolfsmilch und hohen Gräsern. Gute Schnittblume.

Sorten: 'Royal Standard' (siehe Foto), Einzelblüten oben orangerot, unten gelbgrün, bewährte Sorte, 100 cm.

Palisaden-Wolfsmilch

Euphorbia characias subsp. *wulfenii*

S 80–120 ✿ 4–6 ☼

Imposante Solitärstaude mit Charakter.

Wuchs: Breite Horste mit bogig aufstrebenden Trieben und blaugrünen, schmalen Blättern.

Blüte: Winzig, mit gelbgrünen Hochblättern, in großen, dichten Walzen an den Triebenden.

Pflege: In raueren Lagen Winterschutz geben oder im Kübel halten, vor Winternässe schützen.

Verwendung: Einzeln als Blickfang oder im Steppenbeet, auf durchlässigem Boden.

Hinweis: Die Pflanze und ihr Milchsaft sind giftig.

Spornblume

Centranthus ruber (Syn.: *Valeriana rubra*)

S 50–70 ✿ 6–9 ☼

Anspruchsloser Dauerblüher für trockene Plätze.

Wuchs: Buschig, reich verzweigt mit graugrünen, eiförmigen Blättern.

Blüte: Karminrot oder weiß, in dichten etagenartigen Rispen.

Pflege: Rückschnitt nach der Blüte.

Verwendung: Für trockenere, auch steinige Böden. Sehr schön zu Gräsern und im Steppenbeet.

Sorten: 'Albus' (siehe Foto), weiß blühend.

Bart-Iris, Schwertlilie

Iris-Barbata-Hybriden

S 15–120 ✿ 4–6 ☼

Spektakuläre Blüten aus dem sonnigen Süden.
Wuchs: Oberflächennah kriechendes Rhizom mit schwertförmigen, graugrünen Blättern.
Blüte: Aus je 3 aufrechten und 3 herabhängenden Blütenblättern mit »Bart« bestehend; in fast allen Farbtönen, auch mehrfarbig.
Pflege: Rhizome waagerecht pflanzen und nur leicht mit Erde bedecken. Verblühtes abschneiden.
Verwendung: In Gruppen auf eher trockenen Böden, zusammen mit Lavendel, Salbei, Gräsern.

Sorten: Niedrige (Nana-, bis 30 cm), mittelhohe (Media-, bis 70 cm) und hohe (Elatior-Hybriden, bis 120 cm).

Lavendel

Lavandula angustifolia

S/HStr 30–60 ✿ 6–8 ☼

Duftender Halbstrauch mit mediterranem Charme.
Wuchs: Rundliche Polster aus am Grund verholzenden Trieben mit schmalem, graugrünem Laub; immergrün, aromatisch duftend.
Blüte: Kleine Lippenblüten in dichten, lang gestielten Ähren; violett, rosa oder weiß.
Pflege: Regelmäßig im Frühjahr kräftig stutzen. Blütentriebe nach der Blüte ausschneiden.
Verwendung: Ideal als Beeteinfassung. Schön zu Spornblume, Iris, Wolfsmilch und Gräsern.

Stauden-Lein

Linum perenne

S 25–40 ✿ 6–8 ☼

Zarte heimische Wildstaude mit duftigen Blüten.
Wuchs: Lockere Horste mit dünnen, überhängenden Trieben und kurzen, nadelartigen Blättern.
Blüte: Tellerförmig, himmelblau, einzeln und nur kurz haltbar, aber in großer Zahl.
Pflege: Braucht keine besondere Pflege. Kurzlebig, daher alle 3–5 Jahre nachpflanzen.
Verwendung: Gruppenweise auf trockenen, durchlässigen Böden, im sonnigen Stauden- und Steppenbeet; schön z. B. zu Goldmohn, Gräsern, Iris.

Walzen-Wolfsmilch

Euphorbia myrsinites

S ⇧ 15–30 ✿ 5–6 ☼

Die Blattfarbe bringt mediterranen Charakter.

Wuchs: Breite Teppiche aus Kriechtrieben, dicht mit fleischigen, blaugrünen, rundlich zugespitzten Blättern besetzt; wintergrün.

Blüte: Winzig, mit gelbgrünen Hochblättern, in kleinen Dolden an den Triebenden.

Pflege: Verkahlte Triebe nach der Blüte stutzen.

Verwendung: An Beeträndern, auf Mauerkronen und im Steingarten. Schön zu Zwerg-Iris, Lavendel und Frühlings-Zwiebelblumen.

Hinweis: Die Pflanze und ihr Milchsaft sind giftig.

Kriechendes Schleierkraut

Gypsophila repens

S ⇧ 10–20 ✿ 5–7 ☼

Anspruchsloser Blütenschleier für steinige Plätze.

Wuchs: Locker polsterförmig, kriechende Triebe mit schmal lanzettlichen, graugrünen Blättern.

Blüte: Klein, sternförmig, weiß oder rosa, in lockeren Rispen schleierförmig über den Polstern.

Pflege: Benötigt keine spezielle Pflege.

Verwendung: Auf Mauerkronen, in Plattenfugen, im Steingarten. Gut zu schwach wachsenden Partnern.

Sorten: 'Rosa Schönheit', dunkelrosa; 'Rosea', zartrosa.

Gold-Fetthenne

Sedum floriferum 'Weihenstephaner Gold'

S ⇧ 10–15 ✿ 7–9 ☼

Unkomplizierter, stets attraktiver Bodendecker.

Wuchs: Flache Teppiche aus dicht mit schmalen elliptischen Blättern besetzten Trieben und schöner roter Herbstfärbung.

Blüte: Kleine gelbe Sternchen in dichten Schirmen knapp über dem Laub.

Pflege: Braucht keine Pflege.

Verwendung: In Gruppen auf mageren Böden, am Beetrand, im Steingarten, im Kiesbeet.

Blaustrahlhafer

Helictotrichon sempervirens

G 40–100 ✿ 7–8 ☼

Eines der wenigen wirklich »blauen« Gräser.

Wuchs: Halbkugelige Horste mit steifen, blaugrauen, borstenförmigen Blättern; wintergrün.

Blüte: Gelbbraune, duftige Rispen über dem Laub.

Pflege: Rückschnitt alter Blätter im Frühjahr.

Verwendung: Einzeln oder in Gruppen auf mageren, durchlässigen Böden; im Steppenbeet.

Sorten: 'Saphirsprudel', etwas robuster und wuchsstärker.

Haar-Federgras

Nasella (Syn.: *Stipa*) *tenuissima*

G 30–80 ✿ 7–8 ☼

Fasziniert als haarfeiner, aufrechter Gräserbüschel.

Wuchs: Dichte aufstrebende Horste aus eingerollten graugrünen Blättern, überragt von den Blütentrieben.

Blüte: Zarte längliche Rispen mit bis 20 cm langen, silbrig-seidigen Grannen über dem Laub.

Pflege: Keine Pflege nötig.

Verwendung: Kalkhaltige, magere, eher trockene Böden. Schwerere Böden meiden!

Blau-Schwingel

Festuca glauca

G 20–60 ✿ 6–7 ☼

Bläuliche Farbe und borstige Struktur fürs Beet.

Wuchs: Kleine halbkugelige Horste mit nadelartig abstehenden, grau bis bläulich gefärbten Blättern.

Blüte: Aufrechte, lockere Rispen, nur zur Blüte ausgebreitet, danach verbraunend.

Pflege: Anspruchslos. Blütentriebe nach dem Verblühen abschneiden oder ausreißen.

Verwendung: Magere, durchlässige, auch sandige oder steinige Böden.

Tipp: Je magerer und sonniger der Standort, desto intensiver die Blattfärbung.

Sorten: 'Azurit' (siehe Foto), silbrig blau; 'Blaufuchs', intensiv stahlblau.

Japanisch – mit der Ruhe des Zen

Zarte Kirschblüten, üppige Rhododendren und Azaleen in leuchtenden Farben vor grüner Kulisse, grafisch wirkender Bambus, ruhige Kiesflächen und betont gesetzte Steine – das sind wesentliche Elemente, die einen Japan-Garten ausmachen. Auch Wasser ist ein wichtiger Gestaltungsfaktor, der sich beispielsweise in Form eines Brunnens oder klaren Teiches wiederfindet. Das beruhigende Sprudeln eines Wassersteins ist nicht minder wirkungsvoll.

Entspannung pur

Pflanzen aus dem fernen Osten setzen zusätzliche Akzente. Als Beispiels seien die Strauch-Pfingstrose mit ihren beeindruckend großen Blüten oder die filigranen Japan-Anemonen genannt, die im Herbst mit ihren pastelligen Blütenschalen verzaubern.

Traditionell stellen Japan-Gärten verkleinerte Abbildungen ausgewählter Landschaften dar. Uns Europäer fasziniert die Ruhe und Harmonie, die sie ausstrahlen – ein Zeichen für die Bewusstheit und Sorgfalt bei der Gestaltung.

Das Flair eines Japan-Gartens prägen typische Elemente wie Azaleen und Zier-Kirschen sowie Steinlaternen und Kiesbereiche.

Zier-Kirsche

Prunus serrulata

B | 3–6 m | ✿ 4–5 | ☼

Damit beginnt in Japan das Gartenjahr.
Wuchs: Kleiner Baum mit sortentypischer Kronenform, elliptische Blätter; gelborange Herbstfärbung.
Blüte: Weiße oder rosafarbene, schalenförmige, teils gefüllte Blüten, erscheinen vor den Blättern.
Pflege: Zu dicht stehende Zweige auslichten. Wildtriebe am Stammgrund entfernen.
Verwendung: Einzeln als Blickfang.

Sorten: 'Amanogawa' (siehe Foto), Wuchs säulenförmig, zartrosa, leicht gefüllt; 'Kanzan', Wuchs trichterförmig, kräftig rosa, dicht gefüllt.

Fächer-Ahorn

Acer palmatum

B | 1–3 m | ✿ 5 | ☼–◑

Edles japanisches Gartenjuwel.
Wuchs: Kleiner mehrstämmiger Baum, oft breiter als hoch, mit je nach Sorte grünem oder rotem, fächerförmig zerteiltem oder geschlitztem Laub.
Blüte: Sehr kleine purpurne Blütchen; geflügelte rötliche Früchte.
Pflege: Baumscheibe durch Mulchen vor Austrocknung schützen. Nicht schneiden.
Verwendung: Bleibt zeitlebens klein, daher ideal für kleine Gärten. Schön auch am Teich.

Strauch-Pfingstrose

Paeonia suffruticosa

Str | 1–2 m | ✿ 5–6 | ☼

Ausnehmend edle Blütenschönheiten.
Wuchs: Rundliche Büsche mit verholzenden Trieben und großen, gefiederten Blättern.
Blüte: Riesige Schalen in Weiß-, Gelb-, Rosa- und Rottönen, zur Mitte hin oft dunkler gefärbt.
Pflege: Tief pflanzen (ca. 10 cm). Im Frühjahr und nach der Blüte düngen; Rückschnitt erst im September; in rauen Lagen anfangs Winterschutz.
Verwendung: Einzeln als besonderer Blickfang; dabei die kurze Blütezeit beachten.

Japanische Azalee

Rhododendron-Hybriden

Str 50–150 ✿ 5–6 ◑-●

Dürfen in keinem Japan-Garten fehlen.
Wuchs: Niedrige kompakte Büsche mit meist wintergrünen, elliptischen Blättern.
Blüte: Trichter- bis glockenförmig in vielen Farben, bedecken zur Blütezeit den ganzen Strauch.
Pflege: Bei Bedarf wässern; nicht im Wurzelbereich graben (Flachwurzler!); nicht schneiden.
Verwendung: Auf humose, gleichmäßig feuchte, saure und möglichst kalkfreie Erde achten.

Sorten: 'Diamant'-Gruppe, nur 60–100 cm, besonders kompakte, reichblühende Form, Sorten in verschiedenen Farben.

Herbst-Anemone

Anemone-Japonica-Hybriden

S 70–120 ✿ 8–10 ◑

Anmutiger Blütenschmuck mit Stil.
Wuchs: Buschig, mit verzweigten Trieben und großen, dreilappigen Blättern; wächst in die Breite.
Blüte: Große, duftige Schalen in Rosa oder Weiß.
Pflege: Bei Trockenheit kräftig wässern. Braucht im ersten Jahr etwas Winterschutz.
Verwendung: Am Gehölzrand oder in halbschattigen Rabatten. Gut zu kombinieren.

Sorten: 'Honorine Jobert', weiß, großblütig, bewährte Sorte; 'Serenade', rosa, halbgefüllt.

Japanische Etagen-Primel

Primula japonica

S 40–60 ✿ 6–7 ◑-●

Leuchtende Farben für schattig-feuchte Plätze.
Wuchs: Grundständige Rosette aus länglich eiförmigen, hellgrünen Blättern, aus deren Mitte die straffen Blütenstiele entspringen.
Blüte: Klein, trichterförmig, rot oder weiß, in dichten, übereinander stehenden Quirlen.
Pflege: Vor Trockenheit und Schnecken schützen.
Verwendung: Gruppenweise, auf feuchten bis nassen Böden; schön zu Funkien, Rhododendren, Gräsern und Farnen.

Gelbrinniger Bambus

Phyllostachys aureosulcata

G ⬆ 3–5 m ✿ – ☼–◑

Bambus – der Inbegriff eines Japan-Gartens.

Wuchs: Straff aufrechte, verholzende Halme mit gelber Längsrinne, an den Knoten Verzweigungen mit lanzettlichen dunkelgrünen Blättern.

Blüte: Bildet bisher keine Blüten.

Pflege: Unbedingt mit Rhizomsperre pflanzen! Regelmäßig wässern und düngen.

Verwendung: Anspruchslos, was den Boden betrifft. Für Einzel- oder Gruppenpflanzung geeignet.

Sorten: 'Aureocaulis', mit durchgehend goldgelben Halmen; 'Spectabilis' (siehe Foto), leuchtend gelb mit grünem schmalen „Sulcus" (die Längsrinne).

Gelbbunter Buschbambus

Pleioblastus auricomus

G ⇧ 40–80 ✿ – ☼–●

Attraktiver Zwerg-Bambus, der nicht lästig wird.

Wuchs: Aufrechter, buschiger Bambus mit dichter Belaubung aus hellgelben, grün gestreiften Blättern.

Blüte: Bildet bisher keine Blüten.

Pflege: Rückschnitt im Frühjahr, um die Horste kompakt zu halten.

Verwendung: Schön unter Gehölzen oder als Lichtfleck an geeigneter Stelle, auch im Kübel.

Tipp: Kaum wuchernde Art!

Hinweis: Auch unter *Pleioblastus viridistriatus* zu finden.

Gelbbuntes Japan-Waldgras

Hakonechloa macra 'Aureola'

G ⇧ 30–50 ✿ 8–9 ◑

Eleganter Blattschmuck und Blickfang.

Wuchs: Buschige Horste, die sich durch Ausläufer langsam verbreitern. Übergeneigte Triebe mit hellgrünen, breit lanzettlichen, gelb gestreiften Blättern.

Blüte: Lockere Rispen, nur wenig über dem Laub.

Pflege: Leichter Winterschutz in raueren Lagen.

Verwendung: Sehr schön zusammen mit Bambus. Keine zu trockenen Böden wählen.

Tipp: Vergrünt im tieferen Schatten.

JAHRESZEITEN

Es kommt darauf an ... Manche Gärtner lieben den Frühling ganz besonders – das Aufbruchsgefühl, das damit verbunden ist, der neue Start ins Leben. Andere wiederum haben ein ganz besonderes Faible für den Herbst – für die ruhigeren Töne und Stimmungen, für den allmählichen Rückzug in die Stille. Für beide Jahreszeiten gibt es Pflanzen, welche die jeweilige Jahreszeit besonders charakterisieren. Auf den Folgeseiten finden Sie die schönste Auswahl dafür. Und wenn Sie nach Sommerblühern suchen? Dann werden Sie bei allen anderen Themen fündig.

Frühling – Lichtblick nach dem Wintergrau

Farbe, Licht und Leben – darauf freut man sich nach langen Wintertagen. Wenn sich die ersten grünen Blattspitzen aus dem Boden schieben, sich die zarten Blüten von Schneeglöckchen und Krokussen entfalten, schlägt das Gärtnerherz höher. Denn dann ist klar: Der Winter ist vorbei. Vorreiter des Frühlings sind stets die Zwiebelblumen. In diesen kleinen Kraftpaketen liegen die fertigen Blüten bereits »vorverpackt« unter der Erde, warten nur noch auf den Startschuss. Damit sie im Frühjahr gut loslegen können, müssen wir bereits im Herbst Vorsorge treffen: Die Zwiebelblumen werden – wie der Gärtner sagt – »gelegt«. Sie kommen in die Erde, um noch vor dem Winter Wurzeln zu bilden. Neben Krokus und Co. gibt es auch weniger bekannte Arten, die den Garten im Frühling verzaubern. Die Strahlen-Anemone z. B. oder, etwas später, die Schachbrettblume. Die Klassiker Tulpe und Narzisse sind hingegen feste Bestandteile im Frühlingsgarten.

Ohne Tulpen kein richtiger Frühling – am besten nicht bunt gemischt, sondern in größerer Stückzahl und passender Unterpflanzung.

Narzissen
Narcissus-Hybriden

Z | 30–60 | ✿ 3–5 | ☼–◑

Zusammen mit Tulpen ein Klassiker im Frühling.
Wuchs: Mehrtriebige Zwiebelpflanze mit riemenförmigen Blättern, die spät einziehen.
Blüte: Sternförmig mit Nebenkrone, gelb, orange oder weiß, auch zweifarbig und gefüllt.
Pflege: Welke Blütentriebe abschneiden, Laub einziehen lassen.
Verwendung: Gruppenweise im Beet, in der Blumenwiese (verwildern!) oder unter Gehölzen. Ausreichend feuchte Böden wählen.

Sorten: Die zahllosen Sorten werden in Klassen eingeteilt, darunter Trompeten-, Groß- und Kleinkronige sowie Gefüllte Narzissen, z.B. 'Ice Follies' (siehe Foto), großkronig, weiß mit cremeweißer bis gelblicher Mitte.

Tulpen
Tulipa-Hybriden

Z | 20–60 | ✿ 3–5 | ☼

Ihre Leuchtkraft bringt Farbenfreude im Frühling.
Wuchs: Ein- oder mehrtriebige Zwiebelblume mit spitz zungenförmigem, blaugrünen Blättern.
Blüte: Kelchförmig auf straffen Stielen, in vielen Farben, meist Gelb, Orange, Rot oder Weiß, auch mehrfarbig, gefüllt oder gefranst.
Pflege: Ab und zu düngen, Blätter einziehen lassen. Nicht am gleichen Standort nachpflanzen.
Verwendung: Gruppenweise im Beet, gemischt unter sich oder mit anderen Frühlingsblühern.

Sorten/Arten: Große Auswahl u. a. an Frühen, Späten, Lilienblütigen (siehe Foto) und Gefüllten Tulpen. Bota nische Tulpen sind zierlicher, z.B. die *T.*-Kaufmanniana-Hybriden (»Seerosen-Tulpen«), nur 20–30 cm, 3–4.

Bergenie
Bergenia-Hybriden

S | 30–40 | ✿ 4–5 | ◑

Sehr anspruchsloser, langlebiger Frühjahrsblüher.
Wuchs: Durch Rhizome langsam kriechend; große, ledrige, rundliche Blätter; immergrün.
Blüte: Trichterförmig, rot, rosa oder weiß.
Pflege: Im Frühjahr altes Laub abschneiden.
Verwendung: Als Beeteinfassung, an Treppen, auf Mauern oder vor Gehölzen.

Sorten: 'Eroica' (siehe Foto), kräftig rosaviolett, robuste und bewährte Sorte.

Nieswurz, Lenzrose

Helleborus-Orientalis-Hybriden

S ⇧ 30–40 ✿ 2–4 ◑

Zarter Frühlingsblüher in aparten Farben.
Wuchs: Langlebige kompakte Horste mit kriechendem Rhizom und fächerförmig zerteilten, ledrigen Blättern; wintergrün.
Blüte: Nickende Schalenblüten in Rot, Rosa; Weiß oder auch Gelb, oft kontrastierend gepunktet oder geadert, teilweise gefüllt.
Pflege: Alte Blätter im Frühjahr abschneiden; nicht verpflanzen oder teilen, ungestört lassen.
Verwendung: Vor und unter Gehölzen, wo sie sich auch selbst aussamen; schön mit Farnen, Gräsern und Zwiebelblumen.

Sorten: 'Atrorubens' (siehe Foto), purpurrot mit dunkelgrünem Laub. Es kommen ständig Sorten mit neuen Blütenfarben und -zeichnungen auf den Markt.
Hinweis: Alle Teile der Pflanze sind giftig!

Frühlings-Knotenblume

Leucojum vernum

Z ⇧ 15–30 ✿ 2–4 ◑-●

Anspruchslose heimische Frühlingsblume.
Wuchs: Sich durch Brutzwiebeln verbreitende Zwiebelpflanze mit riemenförmigen Blättern.
Blüte: Breitrunde, hängende schneeweiße Glocken mit grünen Spitzen; duftend.
Pflege: Feucht-kühle Plätze wählen. Ab und zu organisch düngen, sonst keine Pflege nötig.
Verwendung: In Gruppen unter Gehölzen oder an schattigen Plätzen in Teichnähe.

Gedenkemein

Omphalodes verna

S ⇧ 15–20 ✿ 3–5 ◑-●

Sauber wirkender Flächendecker unter Gehölzen.
Wuchs: Durch Ausläufer Teppiche bildend; Triebe mit zugespitzt-eiförmigen Blättern.
Blüte: Lilablau, selten weiß, wie große Vergissmeinnicht-Blüten, zahlreich in den Blattachseln.
Pflege: Benötigt keine besondere Pflege.
Verwendung: In größeren Gruppen am Gehölzrand. Passt gut zu anderen Frühlingsblühern.

Traubenhyazinthe

Muscari armeniacum

Z ⇧ 15–25 ✿ 4–5 ☼–◑

Guter Partner für höhere Frühlingsblüher.

Wuchs: Mehtriebige Zwiebelblume mit grasartigem Laub, das im Herbst austreibt; mit der Zeit teppichbildend.

Blüte: Dichte kegelförmige Trauben aus kleinen, blauen Glöckchen mit weißem Rand, seltener zartrosa oder ganz weiß.

Pflege: Benötigt keine Pflege.

Verwendung: Gruppenweise, im Beet oder als Einfassung, zusammen mit anderen Frühlingsblühern; sehr schön zu Tulpen und Narzissen.

Strahlen-Anemone

Anemone (Syn.: *Anemoides) blanda*

Z ⇧ 15–25 ✿ 3–4 ◑

Niedrige Teppiche voller zarter Blütensterne.

Wuchs: Knollenpflanze mit einzelnen, kurzen Trieben und dreiteiligen, gelappten Blättern.

Blüte: Groß, sternförmig, mit vielen Strahlen, in Blau, Rosa oder Weiß.

Pflege: Die Knollen vor dem Pflanzen wässern. In rauen Lagen leichten Winterschutz geben.

Verwendung: In Gruppen unter Gehölzen zusammen mit anderen Frühlingsblühern.

Sorten: 'Blue Shades' (siehe Foto), leuchtend violettblau; 'Radar', violettrosa; 'White Splendour', weiß.

Schneeglöckchen

Galanthus nivalis

Z ⇧ 10–15 ✿ 2–3 ◑

Das Symbol für das erwachende Frühjahr.

Wuchs: Eintriebige Zwiebelblume mit linealischen, blaugrünen Blättern.

Blüte: Hängende schneeweiße Glöckchen, innen mit grünen Flecken, auch gefüllt.

Pflege: Benötigt keine Pflege.

Verwendung: In kleinen Gruppen am Gehölzrand oder im Rasen, mit anderen Frühlingsblühern.

Tipp: Lassen sich nach der Blüte gut teilen.

Sorten: nur bei Spezialisten erhältlich. 'Flore Pleno' (siehe Foto), gefüllt.

Netz-Iris

Iris reticulata

Z 10–20 3–4

Miniatur-Iris für den Frühlingsgarten.
Wuchs: Eintriebige Zwiebelpflanze mit grasartigen, kantigen Blättern.
Blüte: Blauviolette Irisblüte mit gelbem Mittelstreif und Zeichnung auf der Lippe.
Pflege: Ab und zu düngen, in rauen Lagen leichten Winterschutz geben.
Verwendung: In kleinen Gruppen am Beetrand oder im Steingarten, schön auch im Topf; schön zusammen mit bunten Krokussen und Wildtulpen.

Sorten: 'Harmony' (siehe Foto), leuchtend tief violettblau; I.-Hybride 'Katharine Hodgkin', cremeweiß mit violettblauer feiner Aderung und gelboranger Mitte.

Sibirischer Blaustern

Scilla siberica

Z 10–150 3–5

Zarte Blütenteppiche, ideal als Unterpflanzung.
Wuchs: Mehrtriebige Zwiebelpflanze mit breit linealischem Laub, bildet reichlich Tochterzwiebeln.
Blüte: Blauviolette oder weiße hängende Blütensterne in lockeren Trauben.
Pflege: Benötigt keine Pflege.
Verwendung: Gruppenweise im Beet, im Steingarten oder am Gehölzrand; sehr schön zu Tulpen.

Sorten: 'Alba', weiß; 'Spring Beauty', kräftig blau, beste Sorte.

Bunter Krokus

Crocus chrysanthus

Z 5–10 2–4

Zierlicher Krokus in vielen klaren Blütenfarben.
Wuchs: Eintriebige Knollenpflanze mit grasartigem Laub.
Blüte: Kurzröhrige Trichterblüten in Gelb-, Creme-, Blau- und Violetttönen, teils gestreift.
Pflege: Benötigt keine Pflege.
Verwendung: In kleinen gemischten Gruppen auf sonnigen Rasenflächen oder im Steingarten.

Sorten: 'Blue Pearl' (siehe Foto), außen zart lavendelblau, innen weißlich; 'Cream Beauty', cremefarben; 'E. P. Bowles', dottergelb; 'Prins Claus', weiß, außen lilablau gefleckt; 'Snowbunting', weiß.

Elfen-Krokus

Crocus tommasinianus

Z 5–10 ✿ 2–4 ☼–◑

Der Krokus zum Verwildern.
Wuchs: Eintriebige Knollenpflanze mit grasartigem Laub und feinem weißem Mittelstreifen, bildet reichlich Tochterknollen.
Blüte: Langröhrige, zarte, hellviolette Trichterblüten.
Pflege: Benötigt keine Pflege.
Verwendung: Gruppenweise unter Gehölzen oder auf nicht zu trockenen Rasenflächen.
Tipp: Diese Krokus-Art können Sie gut zum Verwildern einsetzen, da sie sich gut aussät.

Sorten: 'Ruby Giant' (siehe Foto), großblütig, kräftig violett.
Hinweis: Diese Krokus-Art können Sie gut zum Verwildern einsetzen, da sie sich gut aussät.

Winterling

Eranthis hyemalis

Z 5–10 ✿ 2–3 ◑–●

Einer der allerersten Frühlingsboten im Garten.
Wuchs: Knollenpflanze mit kurzen Ausläufern und handförmigen, tief zerschlitzten Blättern.
Blüte: Leuchtend gelbe Schalen mit halskrausenartigen Hochblättern.
Pflege: Benötigt keine Pflege.
Verwendung: Gruppenweise im Beet, unter Gehölzen oder im lückigen Rasen.

Sorten: 'Grünling' (siehe Foto), grünlich gelb mit grünen Längsstreifen.

Duft-Veilchen

Viola odorata

S 10–15 ✿ 3–5 ☼–◑

Die duftenden Blüten läuten den Frühling ein.
Wuchs: Kleine Horste mit rundlich-herzförmigen Blättern; bilden durch Ausläufer mit der Zeit kleine Flächen.
Blüte: Duftende violette Veilchenblüte, auch in Weiß.
Pflege: Bei trockenem Frühjahr wässern; sonst keine Pflege.
Verwendung: Gruppenweise unter lichten Gehölzen auf nicht zu trockenem Boden, schön mit Krokussen und Schneeglöckchen.

Sorten: 'Alba', weiß.

Herbst – Ausklang mit warmen Farben

Erdige Braun- und feurige Rottöne: Das sind die Farben, mit denen der Garten das Ende seiner Saison feiert. Jetzt ist nochmal Zeit für optische Genüsse – mit üppigen Herbst-Astern, prächtigen Dahlien und farbenfrohen Herbst-Chrysanthemen. Als Farbträger spielen diese drei die Hauptrolle im herbstlichen Garten. Neben den opulenten Zuchtformen der Herbst-Astern gibt es auch interessante Wildarten unter den Astern zu entdecken, deren graziler Wuchs manches Beet gelungen auflockert. Dagegen wollen Dahlien und Chrysanthemen idealerweise eine Einzelstellung außerhalb des Beetes haben, außer man kombiniert sie. Gräser sollten in keinem Herbstgarten fehlen. Sie bringen durch die Brauntöne ihrer Horste optische Wärme in die Gesamtgestaltung – und sorgen mit duftigen Blütenschleiern dafür, dass sich die einzelnen Farbtöne von Astern, Dahlien und anderen Herbstblühern gut voneinander abheben.

Warme Töne, dazu Gräser und einige Farbakzente aus Astern und Co – so kann das Gartenjahr gut zu Ende gehen.

Oktober-Silberkerze

Actaea (früher: *Cimicifuga*) *simplex*

S | 120–140 | 9–10 | ◑–●

Markanter Herbstblüher für den Schattengarten.
Wuchs: Aufrechte Horste mit großen, mehrfach gefiederten Blättern an straff aufrechten Trieben.
Blüte: Weiße, schlank walzenförmige Kerzen hoch über dem Laub.
Pflege: Die langlebigen Pflanzen möglichst an ihrem Platz belassen. Bei Trockenheit wässern.
Verwendung: In kleinen Gruppen zusammen mit Gräsern, Farnen und Schattenstauden.

Sorten: 'Brunette' (siehe Foto), cremeweiß bis zartrosa, Blätter vor allem beim Austrieb rötlich-grün; *A.* (früher *Cimicifuga*) *racemosa*, Juli-Silberkerze, früher blühend (7–8), mit lang kegelförmigen, oft gebogenen Blütenkerzen, bis 180 cm.

Herbst-Aster, Raublatt-Aster

Aster (Syn.: *Symphotrichum*) *novae-angliae*

S | 50–150 | 9–10 | ☼

Robuste und wenig wuchernde Herbst-Aster.
Wuchs: Große, straffe Horste aus aufrechten Trieben mit rauen, lanzettlichen Blättern.
Blüte: Körbchenblüten in dichten, kuppelförmigen Rispen in Rosa, Rot- und Violetttönen sowie Weiß.
Pflege: Bei Trockenheit gründlich wässern; bei Bedarf stäben.
Verwendung: Im Hintergrund herbstlicher Staudenbeete, zu Gräsern und anderen Astern.

Sorten: 'Andenken an Alma Pötschke', leuchtend rosa, 120 cm; 'Barr's Blue', blauviolett; 150 cm; 'Herbstschnee', weiß, 130 cm; 'Purple Dome' (siehe Foto), leuchtend violett, bleibt kompakt und standfest, 70 cm.

Oktobermargerite

Leucanthemella serotina 'Herbststern'

S | 120–150 | 9–10 | ☼

Herrlicher Herbstblüher in klarem Weiß.
Wuchs: Straffe Horste aus aufrechten, lanzettlich beblätterten Trieben.
Blüte: Zahlreiche mittelgroße, weiße Margeritenblüten an den verzweigten Stielenden.
Pflege: Braucht kaum Pflege, bei Bedarf stützen.
Verwendung: Wunderbare Beetstaude, die zu den meisten anderen Herbstblühern passt.

Herbst-Eisenhut

Aconitum carmichaelii

S ⬆ 120–150 ✿ 9–10 ◐-●

Imposanter später Herbstblüher.
Wuchs: Aufrechte Horste aus straffen Trieben mit handförmigen, tief zerteilten Blättern.
Blüte: Leuchtend blau, helmförmig, in kegelförmigen Rispen an den Triebenden.
Pflege: Bei Trockenheit wässern; gut düngen.
Verwendung: Kühle, nährstoffreiche Plätze; wunderbar mit Herbst-Anemonen und Silberkerzen.

Sorten: 'Arendsii' (siehe Foto), blauviolett, bewährte Sorte.
Hinweis: Alle Teile sind stark giftig!

Herbst-Anemone

Anemone-Japonica-Hybriden

S ⬆ 70–120 ✿ 8–10 ◐

Anmutiger, langlebiger Herbstblüher.
Wuchs: Breitbuschig, mit verzweigten Trieben und großen, dreilappigen Blättern.
Blüte: Große, zarte Schalen in Rosa oder Weiß.
Pflege: Bei Trockenheit kräftig wässern. Braucht im ersten Jahr etwas Winterschutz.
Verwendung: Am Gehölzrand oder in halbschattigen Rabatten, nicht auf zu trockenen Böden.

Sorten: 'Bressingham Glow' (siehe Foto), kräftig rosa, halbgefüllt; 'Honorine Jobert', weiß, großblütig, bewährte Sorte; 'Königin Charlotte', rosa, halbgefüllt; 'Rosenschale', rosa mit dunklem Rand.

Myrten-Aster

Aster (Syn.: *Symphotrichum*) *ericoides*

S ⬆ 70–120 ✿ 10–11 ☼

Überreich und spät blühende Herbst-Aster.
Wuchs: Buschige, dichte Horste aus stark verzweigten Trieben mit feinen Blättern.
Blüte: Zarte, kleine Körbchenblüten in dichten Rispen in Violett-, Rosa- und Weißtönen.
Pflege: Bei Trockenheit wässern; ausreichend düngen; bei Bedarf stäben.
Verwendung: Vielseitiger Partner für Herbstbeete, sehr schön in Trockensträußen.

Sorten: 'Henriette' (siehe Foto), zart rosaweiß, robust und pflegeleicht.

Dahlie

Dahlia-Hybriden

Z 30–150 ✿ 7–10 ☼

Wunderbare Prachtblüher für den Herbstgarten.
Wuchs: Große Knollenpflanze mit spitzeiförmigen Blättern und straffen Blütentrieben.
Blüte: Große Körbchenblüten in fast allen Farben, von ungefüllt bis dicht pomponartig gefüllt.
Pflege: Ende April pflanzen. Kräftig wässern, mäßig düngen, bei Bedarf stützen. Triebe nach der Blüte abschneiden, Knollen frostfrei lagern.
Verwendung: Gruppenweise im Beet oder am Zaun, auch im Topf; schön zu Gräsern.

Sorten: Die Palette ist unüberschaubar groß und wird in Klassen eingeteilt. Wählen Sie frei nach Geschmack und Gartentyp. Im Foto: die Balldahlie 'Red Fox', leuchtend rot.

Fallschirm-Rudbeckie

Rudbeckia nitida

S 160–200 ✿ 8–9 ☼

Eindrucksvoller Herbstblüher der Bauerngärten.
Wuchs: Horstartige Riesenstaude mit straffen Trieben und großen, breitlanzettlichen Blättern.
Blüte: Große gelbe Körbchenblüten mit hängenden Randblüten und grünlicher Mitte.
Pflege: Ausreichend wässern, bei Bedarf stützen.
Verwendung: Als Solitär oder Hintergrund.

Sorten: 'Herbstsonne' (siehe Foto), leuchtend gelb, großblütig, robust.

Herbst-Chrysantheme

Chrysanthemum-Indicum-Hybriden

S 40–100 ✿ 9–11 ☼

In leuchtenden Farben reich blühend.
Wuchs: Breit horstartig, aufrechte Triebe mit rundlichen, tief eingeschnittenen Blättern.
Blüte: Einfache bis pomponartig gefüllte Körbchenblüten in fast allen Farbtönen.
Pflege: Im Frühjahr pflanzen. Regelmäßig düngen; leichten Winterschutz geben, bei Bedarf stützen.
Verwendung: Gruppenweise in Rabatten, sehr schön zu Gräsern. Hervorragende Schnittblume. (Winter)nasse Standorte meiden.

Sorten: Großes Sortiment mit verschiedenen Farben, Füllungen und Blühzeiten. Im Foto: die Sorte 'Erntekranz', blassgelb mit dunklerer Mitte, dicht gefüllt, reichblütig, 60 cm.

Purpur-Fetthenne

Hylotelephium (Syn.: *Sedum*) *telephium*

S ⇧ 50–60 ✿ 8–10 ☼

Blütenschmuck bis in den Winter hinein.
Wuchs: Breite Horste aus aufrechten Trieben mit fleischigen, ovalen, graugrünen Blättern.
Blüte: Klein, sternförmig, in schirmförmigen Dolden über den Trieben; altrosa bis rostrot gefärbt.
Pflege: Keine besondere Pflege. Rückschnitt erst im Frühjahr, da auch im Winter attraktiv.
Verwendung: Vielseitig kombinierbar, zu Herbst-Astern und Gräsern, aber auch zu Rosen.

Sorten: 'Herbstfreude', braunrot; *H.*-Hybride 'Matrona', rosa (siehe Foto), Blüten blass- bis dunkelrosa mit dunkelroten Stielen, purpurgrünes Laub.

Kissen-Aster

Aster-Dumosus-Hybriden

S ⇧ 20–40 ✿ 9–10 ☼

Niedrige, äußerst üppig blühende Herbst-Aster.
Wuchs: Dichte, kissenförmige Horste, durch Ausläufer teppichbildend.
Blüte: Dichter Mantel aus Körbchenblüten in Rosa, Rot-, Blau- und Violetttönen sowie Weiß.
Pflege: Bei Trockenheit gründlich wässern, um Mehltau vorzubeugen; ausreichend düngen.
Verwendung: Schön zu höheren Herbst-Astern und Gräsern.

Sorten: 'Herbstfeuer', rotviolett; 'Kristina', weiß; 'Starlight' (siehe Foto), violettrosa, halbgefüllt; 'Prof. A. Kippenberg', blauviolett.

Chinaschilf

Miscanthus sinensis

G ⬆ 60–250 ✿ 8–10 ☼

Im Herbst eines der schönsten Gartengräser.
Wuchs: Große, im Alter durch Ausläufer breite Horste mit schilfartigen, elegant übergeneigten Blättern. Meist schöne Herbstfärbung.
Blüte: Federartige Blütenrispen an den straffen Triebenden, je nach Sorte silbrig bis rötlich.
Pflege: Rückschnitt erst im Frühjahr.
Verwendung: Als Solitär, als Blattschmuck- und Hintergrundpflanzung.

Sorten: Großes Sortiment, darunter 'Undine' (siehe Foto), Blüten im Aufblühen rötlich, dann silberfarben, Blätter im Herbst gelborange, 200 cm.

Rohr-Pfeifengras

Molinia arundinacea

G ⬆ 120–200 ✿ 8–10 ☼–◑

Echtes Riesengras mit übergroßer Blütenfülle.
Wuchs: Aufrechte, lockere Horste mit überhängenden, breit linealischen Blättern.
Blüte: Stark verzweigte, sehr große Blütenrispen an straff aufrechten Stielen hoch über dem Laubhorst. Schöne warme Herbstfärbung.
Pflege: Kaum Bedarf. Blütentriebe wegen der dekorativen Wirkung über Winter stehen lassen.
Verwendung: Passt sich an alle Böden an; schön in der Nähe herbstfärbender Gehölze.

Sorten: 'Karl Foerster' (siehe Foto), im Herbst gelbbraun, 150 cm.

Rutenhirse

Panicum virgatum

G ⬆ 60–150 ✿ 7–9 ☼

Herbstfärbung wie im Indian Summer.
Wuchs: Aufrechte Horste mit schmal linealischen Blättern, die sich je nach Sorte ab Spätsommer goldgelb bis tiefrot verfärben.
Blüte: Perlförmig in reich verzweigten, feinstieligen Rispen hoch über dem Laubhorst.
Pflege: Keine besondere Pflege nötig.
Verwendung: Schöner Begleiter für Staudenrabatten, besonders wirkungsvoll im Herbst.

Sorten: 'Hänse Herms' (= 'Rotstrahlbusch'), leuchtend rot; 'Rehbraun' (siehe Foto), Blätter im Herbst kupferbraun, sehr robuste Sorte; 'Strictum', steifer aufrecht und höher, ockergelb.

Diamantgras

Calamagrostis brachytricha

G ⇧ 50–100 ✿ 8–10 ☼

Glitzerndes Schmuckstück im Beet.
Wuchs: Breitrunde Horste aus dunkelgrünen schmalen Blättern, überragt von den dicht stehenden Blütentrieben.
Blüte: Feine kegelförmige, silbrig- bis braunrosa gefärbte Rispen über dem Horst.
Pflege: Kaum Pflege. Die Blütentriebe den über Winter stehen lassen, wirken sehr dekorativ.
Verwendung: Einzeln oder in Gruppen im Beet, passt als Begleiter zu vielen Blütenstauden.

Hinweis: Das Diamantgras ist auch unter unter dem älteren Namen *Achnatherum brachytrichum* zu finden.

Stichwortverzeichnis

*Verweis auf ein Pflanzenporträt

Adressen, die Ihnen weiterhelfen

ZIERGEHÖLZE

Baumschule Bruns
www.bruns.de

Baumschule Lorenz von Ehren
www.lve-baumschule.de

H. Hachmann Baumschule
www.hachmann.de (Rhododendren)

Baumschule Horstmann
www.baumschule-horstmann.de

Baumschule Huben
www.huben.de

ROSEN

Kordes Rosen
www.rosen.de

Noack Rosen
noack-rosen.de

Rosen Tantau
www.rosen-tantau.com

Rosenhof Schultheis
www.rosenhof-schultheis.de

Schweiz
Huber Rosen- und Gartencenter
www.rosen-huber.ch

STAUDEN

Staudengärtnerei Gaißmayer
www.gaissmayer.de

Häussermann Stauden und Gehölze
haeussermann.com

Anja Maubach – Arends Staudengärtnerei
www.anja-maubach.de

Stauden Stade
www.stade-stauden.de

Die Staudengärtnerei
www.die-staudengaertnerei.de

Gräfin von Zeppelin Staudengärtnerei
graefin-von-zeppelin.de

Österreich
Praskac – Das Pflanzenland
www.praskac.at

Sarastro Stauden Christian Kress
www.sarastro-stauden.com

ZWIEBELBLUMEN

Der Blumenzwiebelversand – Bernd Schober
www.der-blumenzwiebelversand.de

Michael Camphausen –
Thymian- und Staudengärtnerei
www.michaelcamphausen.de

Fluwel
www.fluwel.de

Horst Gewiehs
www.gewiehs-blumenzwiebeln.de

Niederlande
Peter Nyssen
www.peternyssen.com

De Warande – Starke Zwiebeln
www.starkezwiebeln.de

BAMBUS

Bambus Centrum Deutschland
www.botanik.de/firma/bambus-centrum-deutschland

Bambus-Informationszentrum und Online-Pflanzenversand
www.bambuspflanzen.de

Über den Autor

Dr. Thomas Hagen ist Diplom-Biologe und hat in angewandter Geobotanik promoviert. Sein Interesse galt schon immer den Pflanzen und dem Studium der komplexen Zusammenhänge in der Natur, aber auch der anspruchsvollen Naturfotografie, immer mit dem Ziel, dieses Wissen auch der Öffentlichkeit zugänglich zu machen. Nach Stationen als freier Gartenbuchautor führte ihn der Weg folgerichtig über Stationen bei mehreren Buchverlagen, zunächst als Lektor für Gartenbücher bis zum Programmleiter für besondere Bildbände in den Bereichen Garten, Natur, Reise und Lifestyle. Mittlerweile ist er als freier Projektleiter für ausgesuchte Buchprojekte tätig, die er konzipiert, betreut und ästhetisch gestaltet, wobei sein inhaltlicher Schwerpunkt nach wie vor im Bereich Garten liegt.

WIDMUNG

In Liebe meiner Frau

DANK

Danke an Nadja und Folko, die dieses Buch ermöglicht haben. Danke an Marion für die wunderschönen Bilder und Hannah für ihre tolle Unterstützung bei der Bildauswahl. Danke an Christine für die sehr angenehme Lektoratsbetreuung. Und Danke an Herrn Walter für die wie immer großartige Zusammenarbeit.

QUALITÄTS G|U GARANTIE

LIEBE LESERINNEN UND LESER,

wir wollen Ihnen mit diesem Buch Informationen und Anregungen geben, um Ihnen das Leben zu erleichtern oder Sie zu inspirieren, Neues auszuprobieren. Wir achten bei der Erstellung unserer Bücher auf Aktualität und stellen höchste Ansprüche an Inhalt und Gestaltung. Alle Anleitungen und Rezepte werden von unseren Autoren, jeweils Experten auf ihren Gebieten, gewissenhaft erstellt und von unseren Redakteur*innen mit größter Sorgfalt ausgewählt und geprüft.

Haben wir Ihre Erwartungen erfüllt? Sind Sie mit diesem Buch und seinen Inhalten zufrieden? Wir freuen uns auf Ihre Rückmeldung. Und wir freuen uns, wenn Sie diesen Titel weiterempfehlen, in Ihrem Freundeskreis oder bei Ihrem Online-Kauf.

Sollten wir Ihre Erwartungen so gar nicht erfüllt haben, tauschen wir Ihnen Ihr Buch jederzeit gegen ein gleichwertiges zum gleichen oder ähnlichen Thema um.

KONTAKT ZUM LESERSERVICE

GRÄFE UND UNZER VERLAG
Grillparzerstraße 12
81675 München
www.gu.de

IMPRESSUM

G|U

GU ist eine eingetragene Marke der GRÄFE UND UNZER VERLAG GmbH, www.gu.de

978-3-8338-9549-4
1. Auflage 2024

Projektleitung: Dr. Folko Kullmann
Lektorat: Christine Weidenweber
Bildredaktion: Hannah Crawford, Natascha Klebl (Cover)
Umschlaggestaltung & Layout: ki 36 Editorial Design, Bettina Stickel
Herstellung: Chiara Knell
Satz: Anton Walter
Repro: Longo AG, Bozen
Druck & Bindung: Dimograf, Polen

GRÄFE UND UNZER

Ein Unternehmen der
GANSKE VERLAGSGRUPPE

DIE FOTOGRAFIN

Marion Nickig studierte Grafik-Design bei Professor Willy Fleckhaus an der Essener Folkwangschule sowie an der Universität GHS Essen und Wuppertal.
Ihre Bilder und Reportagen werden in renommierten Garten- und Wohnzeitschriften im In- und Ausland sowie in zahlreichen Büchern, Kalendern und Postkarten veröffentlicht.
Marion Nickig gilt in Deutschland als Vorreiterin einer einfühlsamen und sinnlichen Pflanzenfotografie, die geprägt ist von botanischen Fachkenntnissen und einem weitreichenden Hintergrundwissen.

BILDNACHWEIS

Fotos: Alle Fotos von Marion Nickig, mit Ausnahme von: 27-1 (mauritius images / Garden World Images / Rowan Isaac), 159 (Leonhard Huber), 160 (Hilla Morian)
Syndication: www.seasons.agency

UMWELTHINWEIS

Dieses Buch ist auf PEFC-zertifiziertem Papier gedruckt. Somit werden ökologische, soziale und ökonomische Aspekte in der Verarbeitungskette unabhängig überwacht und sind zudem lückenlos nachvollziehbar.